高市早苗
愛国とロック

大下英治
Ohshita Eiji

飛鳥新社

高市早苗　愛国とロック　目次

安倍の支援で議員票二位
復縁
安倍晋三、逝去
セキュリティ・クリアランス制度
閣内から外れるべきか否か
高市早苗対中国
岸田文雄に物申す
「裏金問題」で自民激震
高市早苗の仲間たち
次の首相、高市早苗の支持率
石川昭政から見た高市早苗
小野田紀美から見た高市早苗
安倍派を退会した髙鳥修一
門田隆将から見た高市早苗

第六章 高市早苗が描く理想の日本

高齢者が幸せな国
中国の脅威から日本を守る

第一章

安倍晋三の「遺言」

勉強会は安倍との約束

令和三年（二〇二一年）九月二十九日の総裁選出馬後、高市早苗は総裁選で支援してくれた議員たちを集めた勉強会を検討していた。

強く支援してくれた安倍晋三元総理からもたびたび言われていた。

「高市さん、総裁選では派閥横断的に支援されたでしょ。メンバーには国家観が近い人も多い。定期的に勉強会を行うべきだよ」

この言葉を安倍がいなくなった今、高市は遺言《ゆいごん》のように感じている。

しかし、すぐには動きだせなかった。

総裁選直後の令和三年十月一日に政調会長に就任。衆院選の自民党政権公約の作成や同月末に投票の衆院選で応援行脚《あんぎゃ》にまわらなくてはいけなかった。

さらに、十一月には政調会人事。十二月には令和四年度の税制改正大綱や予算案への対応。多忙を極めた。

年が明けた令和四年、高市はようやく勉強会の立ち上げに動く。まず、政調会長代行の古屋圭司や事務局長の木原稔の意見を聞いた。

古屋は高市が総裁選に出馬した際に選挙責任者を務めてくれた理解者。ところが、思いもよらず猛反対される。

「今年は参院選の年。政局として捉《とら》えられる動きは自重するべきだ」

そうたしなめられ、高市は参院選までは動かないことにした。

七月十日投開票の参院選に入ると、日本中を震撼《しんかん》させる大事件が起きた。大和西大寺《やまとさいだいじ》駅前で選挙応援演説中に、安倍が銃撃され、この世を去ったのだ。

安倍は高市にとって最大の理解者だった。深く悲しみに暮れた高市は、国葬儀が終わるまで喪《も》に服す。

政務は忙しい。八月の参院選後の内閣改造では、政調会長から経済安全保障担当大臣に就任。そして年末、高市は再び古屋に勉強会発足を相談した。

ところが、芳《かんば》しい返事は得られない。

「来年は地方選がある。その前に政局的な動きをするべきではない」

古屋は言うが、どうも歯切れが悪い。

勉強会は安倍との約束。高市はぐずぐずと先延ばしにしたくはない。総裁選からはすでに一年以上経過している。

令和五年夏になっても、古屋は首を縦にふらなかった。

「今は岸田内閣の支持率が低く、苦しい時期。積極的な動きを見せるべきではない」

相変わらず正論しか言わない。

参院選後、統一教会の問題、安倍の国葬儀への反発、閣僚の辞任の連鎖などもあり、岸田内閣の支持率はジワジワと低下していた。しかし内閣の支持率に配慮していたら、いつまでも勉強会は立ち上げられない。

古屋の態度に疑問を持った高市が周辺の様子をうかがうと、案の定、別の事情が見えてきた。古屋は岸田総理と懇意となり、夜間に公邸を頻繁に訪れて意見交換しているらしい。岸田の嫌がることは防ぎたいのだ。

「安倍元総理と約束をした勉強会を、古屋先生に止められていて判断に困っています」

高市は別の信頼できる筋に相談した。その人は「今の古屋さんは岸田総理の側近みたいなもの」と言った。

「高市さんは俺が抑え込む、と総理にアピールしているのでしょう。いつまで経っても賛成はしてくれないよ」

実際に古屋は新藤義孝とともに岸田総理肝煎《きもい》りのＬＧＢＴ理解増進法で、推進の旗を振り、制定にこぎつけていた。党では岸田総裁直轄《ちょっかつ》組織の本部長にも就任し、岸田の恩恵を受けている。

それでもなお、高市は古屋の言動について善意からのものだと思いたかった。

「総裁選で、古屋先生は勝つ可能性の低い私を全力で応援してくださった方。次の総裁選を見据《みす》え、私が宏池会《こうちかい》（岸田派）の議員たちに嫌われるような活動は慎《つつし》むべきというお考えだったのかもしれません。ただ、私がやりたいのは派閥横断型の勉強会です。いつまでも待つ理由はないはず」

強硬策に出る高市早苗

岸田内閣の支持率が跳《は》ね上がるのを待っていたら、いつになっても勉強会はできない。そもそも倒閣を目指した動きではない。総裁選から二年以上が経過し、高市の目的は変わっていた。安倍元総理から求められていた総裁選の同窓会的な会合ではなく、総裁選時にはまだ議員ではなかった若手も含めて、少人数でもいい、真剣な政策研究をしたかった。

令和三年十月の政調会長就任以降、令和四年八月に閣僚に就任してからも、高市には国会議員や地方議員から講演依頼が相次ぎ、毎週末、全国の党支部で講演を続けてきた。

「今こそ、総合的な国力を強くするべきとき」

そう主張する高市には、複数の若手国会議員から国力強化のための具体的施策を勉強したいという希望が寄せられていた。

高市は強行することに決める。参議院議員で松下政経塾の先輩でもある山田宏に事務局長を依頼した。

「二〇二三年九月くらいに、古屋圭司さんと木原稔さんから高市さんの勉強会を手伝うように頼まれていました。ところが、今年の十月に高市さん本人から協力を頼まれました。様子が変だとは感じました」

そう山田はふり返る。高市が持参した案内状の見本の呼びかけ人には、山田の名前しかない。

「古屋さんたちに呼びかけ人になってもらわなくていいの？」

高市に確認した。

「先輩しかいません」

「総裁選で応援してくれた人がたくさんいただろ？」

「先輩が一番波風立たないんです」

高市は深々と頭を下げた。山田は渋々引き受けた。

「この時期の勉強会は総裁選がらみだとされる。僕は安倍派だから、次の総裁選で高市を応援する約束はできないよ」

「大丈夫。総裁選と直結しません。ただの勉強会です」

「世間はそう受け取らない」

「それならそれでもしかたがありません」

　そんな会話を交《か》わした。

　前回の総裁選で高市を支援した古屋圭司らベテラン議員からは反対されていたので、勉強会をスタートするときは独断で進めるしかなかった。

　思ったとおり、山田は古屋たちから叱責《しっせき》された。

「古屋さんは政治家は三つのS、政策、選挙、政局が強くなくてはいけない、高市は政策と選挙は抜群、政局は落第、だとおっしゃった」

　山田のもとには古屋以外の議員からも注意の電話があった。派閥の幹部クラスからも絞られた。しかし、譲らなかった。

「僕は一度引き受けたからにはやります、それが派閥としてダメならば処分は受けます」

　毅然とした態度で応じた。

高市の勉強会立ち上げの際は、ほかに事務局長をやると約束してくれていた人物がいた。木原稔だ。しかし、令和五年九月十三日の内閣改造で念願の防衛大臣に就任したばかり。事務局を頼める状況ではなかった。

十月末、高市主催の勉強会の入会案内状が山田事務所から配布された。勉強会のタイトルは『『日本のチカラ』研究会』。案内状には高市が各地で講演している〝国力〟について研究する旨《むね》記されている。

そこで、妨害が入った。

「絶対に勉強会には参加するな」

案内状を見た古屋が総裁選で高市を応援した主な議員に連絡を回したのだ。

「ご心配をいただく趣旨の研究会ではありません。入会者が二人でも三人でも私は勉強会を行うので、皆さん、気が変わられたら参加してください」

高市は腰が引けてきた議員たちに伝えた。

全国紙には、総裁選時に高市番で、その後も継続して高市陣営の取材を続ける記者がいる。彼は古屋の電話による各議員の困惑や混乱を把握。翌年の総裁選を見据えた政局がらみの研究会の発足と読める記事を配信した。

その記事をチェックした各社が後追い記事を書くために高市をマーク。高市は純粋な研究会だと強調したものの、研究会当日の朝刊には高市の意に反する記事が目立った。

十一月十五日、研究会を行う会議室前は異様な光景だった。記者たちが廊下に座り込み、部屋に入る議員をチェックして名前を記録したのだ。

そのため、メディアの姿を見て引き返したり、当日の朝刊を読んだ派閥の幹部に出席を禁止されたりする議員が続出する。

それでも令和五年十一月十五日、「『日本のチカラ』研究会」（略称・国力研）は初会合を開催。同研究会は、「総合的な国力の強化」をテーマにした議員連盟。国力を①外交力②防衛力③経済力④技術力⑤情報力⑥人材力——の六項目からなると定義。勉強会には結局十三人が参加。月に一～二回開催し、定期的に活動することを申し合わせた。

勉強会参加者は山田の他に、安倍派から堀井学《まなぶ》と杉田水脈《みお》、麻生派から山本左近《さこん》と有村治子《はる》、茂木《もてぎ》派から小野田紀美《おのだきみ》、二階派から高木宏壽《ひろひさ》、森山派から鬼木《おにき》誠が参加し、さらに無派閥の石川昭政《あきまさ》、土井亨《どいとおる》、黄川田仁志《きかわだひとし》、三谷英弘《みたにひでひろ》も参加した。ただし、入会者は第一回開催時点で四十五人に達していた。

「令和三年九月の総裁選は、衆院の任期が迫っていました。だから選挙区に張り付いて、東京の事務所は空けていた方が多かったんです。東京にいた数少ない議員のなかでも特に国家観が近い方々に、山田事務所から入会案内状を出させていただきました。また、総裁選時には議員ではなかった当選一回の方の中で、研究会の趣旨に興味を持ってくださりそうな議員にも案内をさしあげました」

自民党内の一部から批判された勉強会だが、山田は肯定的だ。

「日本保守党や参政党に流れる有権者を引き止める役割にもなるはずです」

翌十六日の朝刊で出席議員の氏名と所属派閥が報じられた。新聞を見た派閥幹部から叱責された議員もいた。

研究会の発足については、世耕弘成《せこうひろしげ》参院幹事長（当時）も苦言を呈した。

「現職閣僚がこういう形で勉強会を立ち上げるのはいかがなものかと思っている」

そうアナウンスしたが、すぐに高市は反論する。

「日本のチカラ研究会は岸田内閣が閣議決定した『国家安全保障戦略』に記された理念を掘り下げることを目的とした議員連盟です。現職閣僚が担当外の政策を同僚議員とともに勉強することのどこがいけないのでしょう」

第二章

成功するまで続ける

真っ赤なバラであれ

高市早苗は、昭和三十六年（一九六一年）三月七日に生まれた。

奈良県奈良市で幼稚園を卒園し、奈良市の小学校に入学。実家の転居で橿原《かしはら》市の小学校に転校した後、橿原市立畝傍《うねび》中学、奈良県立畝傍高等学校を卒業。その後、神戸大学経営学部経営学科へ進学する。

父・大休《だいきゅう》は彼女を溺愛《できあい》した。トヨタ系列の機械メーカーに勤務する大休は、西日本全域を統括する大阪営業所長として勤務。行動力に長《た》け、取引先でひとたびトラブルがあると直《ただ》ちに駆けつけた。真夜中に自ら車を運転し島根まで飛ばしたこともある。

「お父さんは責任感が強い」

高市は誇りに感じていた。

「まず相手を褒めろ」

それが営業マンである父の口癖だった。自分の意見を言う前に相手の言い分を聞き、それを理解し、いいところを尊重する。その上で自分の考えを伝える。こうした相手の心を傷つけない配慮がいかに大切か、いつも娘に言い聞かせた。

母・和子《かずこ》は、奈良県警で勤務していた。

育児や祖父の看病をしながらも、重大事件発生時にはどんな時間でも現場へ向かい、ときには深夜に帰宅する。朝には家事を完璧に片付けて、家族の弁当を作った。仕事にも家事にも全力投球。職場には誰よりも早く出勤。上司や同僚のデスクを拭《ふ》き、花を生《い》ける。それが彼女のプライドだった。

高市の弟・知嗣《ともつぐ》が生まれる前には、臨月のお腹で容疑者を追い全力疾走していたことは署で伝説化していた。

高市の胸には幼い頃から母に言い聞かされた思考や行動の指針が胸に刻まれている。

1　他人様《ひとさま》に迷惑をかけることは絶対にしない。
2　職業に貴賤《きせん》はない。汗水を垂らして真面目に働くことこそ尊《とうと》い。
3　陰で他人の悪口を言わない。相手の気持ちを慮《おもんぱか》り直接本人に伝える。
4　ご先祖様に感謝する。

高市は和子から「真っ赤なバラのようであれ」とも言われた。

「男性と互角にやろうと肩肘張らずに、常に女性らしい華やかさを失わないようにしなさい。ただし、間違ったことには毅然と立ち向かうトゲも持ち続けなさい」

そう説明を受けた。華やかだけどトゲを持つバラを高市は意識した。

議員になって間もないころ、高市は選挙区で活動中にハイヒール姿を批判された。当時女性候補者は地味な服装での活動を求められていたのだ。しかし、譲らなかった。イヤリングもたびたび批判された。それも譲らなかった。女性らしさを失いたくはなかったのだ。

ハイヒールもイヤリングも高市にとっては戦闘服の一部なのだ。

選挙で個人攻撃はしない

母・和子の教えもあり、高市は政治家になってから、選挙では個人攻撃をしないことを身上としている。選挙運動では対立候補の批判をせず、自分の政策を理路整然と訴えるスタイルを貫く。

「要領が悪い」

後援者たちに指摘されることもある。しかし、自分のスタイルを誇りに思っている。

服装も性格も真っ赤なバラにはほど遠いと自覚しているが、亡き母を働く女性の先輩としてリスペクトし、数々の教えをかみしめ、感謝している。

母親が永眠したのは平成三十年。享年《きょうねん》八十六。最期まで高市は褒められた記憶がない。国会議員になってからも、顔を合わせるたびに叱られた。閣僚になると、めったに奈良には帰れなかった。それでもなんとか時間をつくり帰省する。晩年の母は要介護状態になっていた。高市は議員活動の合い間を縫い、平日夜の最終の新幹線で奈良に帰り、翌朝一便で上京することもあった。そんなときでも、母の説教の洗礼を受ける。

いくつになっても口答えは許されない。母の叱責《しっせき》に高市が言い返そうものなら、平手打ちされた。蹴りが飛んでくることも珍しくなかった。国会議員が高齢の母親にビンタされ、蹴りを浴びせられる姿を想像してほしい。なかなかすさまじい光景だ。

弟の知嗣は、母の覚えがいい。概して母親は息子をかわいがる。だから、たびたび電話で会話をしていたらしい。しかし、高市は母への電話は気が重かった。晩年の母は車椅子での生活だったが、口は達者だ。必ず説教された。

「お母さん、寂しがっていたよ」

母親が亡くなったあと、お参りに来た母の友だちから言われることがあった。にわかには信じられなかった。

今になると、もっと電話で話しておけばよかったと、高市は悔やんでいる。

ストレス発散はハード・ロック

子どものころの高市は書道の先生になりたかった。字をうまく書くと、書道の先生が朱色の墨で〇をつけてくれるのが嬉しかったのだ。

書道教室にも通った。小学生時代は熱心に取り組んで、優秀作として奈良の橿原神宮で張り出されたこともある。

「私、才能があるのかもしれない」

そう思った時期もあった。

しかし、冷静な目で見直すと、それほどでもない。

「こんなひどい字で、橿原神宮によく出してもらえたね」

母親にはそう言われた。

それでも書道教室で二段をもらった。高市は二段に認定された書を宝物のように自宅に持ち帰ったが、母親はクールに言った。

「こんなものは大人の世界では通用しません」

書の道は断念した。

政治家になると、色紙に揮毫《きごう》を頼まれることが多い。しかし、今でも苦手意識は払拭《ふっしょく》されていない。同僚議員から地元の支持者向けにひと言書いてほしいと頼まれると気が重い。色紙を数日間じっと見つめて、ようやく決心して筆をとる。

ソロバン塾にも通ったが、なじめなかった。二級で挫折した。ソロバンをひっくり返して上に乗り、ローラースケートのようにして遊んでいたら壊れてやめた。

幼稚園のときにヤマハ音楽教室に通った。それをきっかけに小学生のときにピアノを買ってもらい、隣りに住んでいた音大生から習った。

この音大のお姉さんとの出会いでハード・ロックを好きになる。お姉さんはレコード会社でアルバイトをしていて、たくさんのレコードを貰ってきた。お姉さんはクラシックファン。ロックのレコードは全部、高市がもらった。

当時、『ミュージック・ライフ』という外国人ミュージシャンを特集する雑誌をお姉さんが買っていて、読み終わるとくれた。高市はロックに夢中になった。

好きなバンドは、ディープ・パープルやアイアン・メイデン。ロックの楽曲を耳で聴いて、譜面に起こし、ピアノで弾《ひ》いた。

ピアノのレッスンで弾くのはクラシックの楽曲が多い。大好きなロックをやりたい。ピアノ教室はやめてしまった。両親は共働きでいつも不在だったので、好きなだけロックのアルバムを聴いた。今でも聴く。最高のストレス解消法になっている。

議員になってからもストレス発散のときに聴いている曲は、ディープ・パープルの「紫の炎」だ。原題は「Ｂｕｒｎ」。疾走するようなハード・ロックの名曲だ。

慶應大入学を断念

中学の頃からバンドの真似事もはじめていたので、楽器店にたむろしている高校生の兄ちゃんたちとバンドを組んだこともある。

高市が通った奈良県立畝傍高等学校は進学校だった。けれど、高市はあまり熱心に勉強してはいない。

大好きなバンドであるが、校内ではバンドをやっている人がいなかったため、学外の友人とバンドを組み、キーボードを担当した。

また、近所に住む吹奏楽部のお姉さんに誘われて、パーカッションを担当したりもした。

高市は、学校には遅刻しがちで通学にはバイクを使っていた。スカートの下にジャージを穿《は》いて跨《また》がり、学校の裏手に停めて、金網をよじ登って登校するのが毎朝のスタイルであった。校則違反だったという。

夜は夜で夜中の二時頃に、遊び惚《ほう》けて帰った。坂の下でバイクのエンジンを止めて、坂の上にある家までウンウン言いながら、引いていった。

ボーイフレンドはいた。農家の長男だった。彼が話す田んぼの話や農協の仕組みの話がサラリーマン家庭で育った高市には楽しかったのだ。

高校時代はアルバイト三昧《ざんまい》。ハンバーガー店、ドーナツ店、牛丼店……。道頓堀《どうとんぼり》で着ぐるみを着て店の宣伝をする仕事も体験した。

両親は彼女を奈良市内の短大に進学させようとした。そのほうが就職や結婚に有利だと判断したのだ。四年制大学に行くなら、学費は一切出さないと言われた。しかし、高市は四年制の大学へ進みたかった。それには学費が必要で、それで、アルバイトに明け暮れた。目指したのは慶應義塾大学。不合格だったら国立の神戸大学を考えた。高市は数学が得意で、神戸大学の経営学部は二次試験を数学で受験できたからだ。

アルバイトで稼いだお金で受験料と交通費を捻出《ねんしゅつ》。無事に慶應大学に合格して、入学金までは払えた。ところが判断を誤った。慶應は四年間通うと、授業料が思った以上に高額だったのだ。アルバイトでまかなえる金額ではなかった。

高市は慶應を諦《あきら》め、そのあとに合格した神戸大学への入学を決めた。

大学時代は、アルバイトとロックに明け暮れた。

将来のことについて思いを馳《は》せるときに、プロのミュージシャンになることさえ考えたという。

ヘヴィメタルが好きでバンドのドラマーを四つも掛け持ちした。

アイアン・メイデン、ヘヴィメタルの開祖ともいわれたロックバンドのブラック・サバスが特に好きだった。

大学二、三年の時には、ヘヴィメタルではなかったが、ブルース系のプロのバックバンドも務めた。神戸大学の卒業生であった「浪速《なにわ》のジャニス」こと小林万里子《まりこ》は、自ら作詞作曲した『朝起きたら…』を歌った。

♪　朝起きたら　男の態度が変わっていた
　朝起きたら　男の態度が変わっていた
「また愛を確かめ合いましょう」と言ったら
「大変恐縮ですが辞退します」と言われた

朝起きたら　朝起きたら
男の態度が変わっていた

高市は、その小林の後ろでドラムを叩いた。

三年生になり、女性だけのバンドを結成した。

百六十三センチ、五十八キロの体でドラムを叩いているとモヤモヤが体の外に発散されて、良い気持ちだった。人の悪口なんか言って発散させるよりよほどいい。

シンバルや太鼓を叩くスティックは力強く、なかなかの迫力であった。同級生のギタリストによると、ライブハウスでは「早苗の破壊的ドラムが炸裂《さくれつ》していた」そうだ。

ドラムのスティックは三十分も叩いていると、折れてしまうこともあるため、いつも四組のスティックをスティックバッグの中にひそませていた。

「バンドでデビューできたらいいなあ、と思っていたけれど、結局、そういう機会には恵まれませんでした。自分のドラムの腕も、一生ドラムで食べていけるほどのものではない、と思っていたんです。プロで活躍されている方をそばで見ていたのでわかってくるんです」

バイクで日本一周の一人旅

友人の誘いで、神戸の一流ホテル、ポートピアホテルでおこなわれるパーティーのコンパニオンのアルバイトをすることもあった。

ドレスを着るために、ウエストが六十三センチ以下じゃないと採用されないという厳しい基準があったが、当時の高市はスリムだったので、採用された。

「その時はウエストが今よりも二十センチ細かったから。オーディションを友達と一緒に受けて通ったのですが、お箸《はし》で一粒ずつ豆を別の皿に移す試験があって、それも見事に合格しました。器用さを確認するテストだったみたいですね」

パーティーのコンパニオンは時給が三千八百円と破格であった。飲食店のアルバイトが五百円の時代だ。二時間働くと、七千六百円になったので、金欠の高市にとっては非常に助かったという。客筋もとても良く、関西の大手一流企業がほとんどだった。

趣味のバイクも楽しんだ。最初は四百ccの中古車であったが、卒業間際《まぎわ》には新車に買い換えた。カワサキのZ400GP。

大学三年時には、バイクで日本一周の一人旅に出た。

神戸を出発し、岡山や広島を経由し、関門海峡を渡って、九州に。その後、鹿児島まで南下してから熊本の阿蘇《あそ》を訪れ、雨の中、長崎の街を走った。

本州に戻ってくると、北陸方面から新潟などの日本海側を走り、北海道に渡った。道内をぐるりとまわると、青森から太平洋岸を南下し、関東に。東京や湘南《しょうなん》を走り、最後は高速道路に乗って、神戸に戻ってきた。二週間ほどの旅だったが、高市にとってはいい経験となった。

学業では経営数学を専攻。プログラムを組み、ビジネスゲームを作成して学ぶゼミだった。

松下幸之助に会いたい

父親の大体は、高市の人生の節目節目で、大切な助言をくれた。

最初の節目は、高市が神戸大学四年生の時だ。高市は国家公務員を受験。筆記試験には合格した。しかし、気が変わった。

「松下政経塾に行きたい！」

そう宣言した。国家公務員試験と併行して、実は松下政経塾も受験していたところだった。

なぜ突然、松下政経塾という突拍子《とっぴょうし》もない発想に至ったのだろう――。

その気持ちは大体との食卓で養われた。

前述のように大休はトヨタグループで働いていた。品質管理から、株価の見方、景気、企業のコスト削減、アジアやアメリカとの貿易事情など高市が知らない話をしてくれた。父親から一人前に扱われたい高市の耳を刺激した。

子ども相手なので、もちろんそれほど難しい話はしない。夜逃げした経営者の話や破産手続きのしかたなど、父の話はわかりやすかった。そして、父の話にはいく度となく松下幸之助という経営者の名前が登場した。松下は、現パナソニックホールディングスの創業者。世界的な電機メーカーを一代で築き上げた。

「松下幸之助さんに会いたい」

いつしか高市は強く思うようになっていた。勉強嫌いの高市が経営に興味を持ち、経営学部へ進み、〝経営の神様〟松下幸之助の下《もと》で金融や為替《かわせ》の勉強をしたいと本気で考えるようになる。

ただ、政治家を目指していたわけではなかった。親の代からの〝地盤・看板・カバン〟

がなければ政治家にはなれないと思い込んでいたのだ。

松下政経塾へ進むことに、母親の和子は賛成しなかった。公務員になり、若いうちに結婚してくれたらいいと考えていた。

ところが、父親は違った。

「松下さんのところだったら夢があっていいじゃないか」

松下政経塾へ進むことを喜んだ。

笑顔で、松下政経塾合格

実際に、二次試験に残っていた松下政経塾の受験生を見渡すと、東京大学や京都大学の学生も多く、誰もかれもが優秀に見えた。

「三次試験は、東京のホテルニューオータニで松下幸之助との面接です」

二次試験の合格通知に記されていた。

「松下幸之助さんに会える」

心が躍った。

前日、父親からアドバイスされた。

「運のいい人間だと思われるように、ずっとニコニコしていなさい」

面接会場に入ると、面接官は五人。その中央に松下幸之助がいた。高市はふだん萎縮《いしゆく》するタイプではない。ところが、松下と眼を合わせた瞬間、まるで蛇に睨《にら》まれた蛙《かえる》のようになった。松下幸之助がじっと高市を見ている。ほとんど話さない。なのに高市は自分の背が汗で湿っていくのを感じた。初めての体験である。

体がガタガタと震えはじめた、何も話せないまま二十分ほどが過ぎた。他の面接官の質問にもまともに対応できなかった。

「あんた、ほんまに五年間辛抱できるか」

蛇が言った。

当時の松下政経塾は五年制だった。

「はい」

そのひと言は言えた。

面接室から出ると、松下政経塾の職員がポラロイドカメラを持って待ち構えていた。父のアドバイスがよみがえった。「ニコニコしていなさい」――その言葉通り、笑顔をつくった。

それで合格した。

後で聞いたことだが、三次試験は、松下幸之助が夜にポラロイド写真を並べて、合格者を選んだらしい。面接では最高に緊張したが、ポラロイド写真の高市は最大級の笑顔だった。自分をあれほどまでに緊張させる人の近くにいたら、人生が変わるかもしれない。そう考えて高市は入塾を決めた。

政治とは国家経営

高市早苗は昭和五十九年四月、松下政経塾に入塾。五期生にあたる。同期には自民党の伊藤達也や立憲民主党の武正《たけまさ》公一がいる。

「お前ら十四人を採ったけど、この中で一人か二人ものになったらええ。あとは捨て石や」

松下ははっきりと言った。

大学を出て、安定した就職先への道を蹴ってきた高市のプライドはいとも簡単に崩された。

「政治とは国家経営」

このようにも言った。日本の政治には経営的視点の導入が必要。そうしなければ、日本は良くならないということだった。

当時の松下政経塾は五年のうち最初の二年は全寮制だった。

起床は朝五時半。六時から、三キロのランニングと掃除。夜遅くまでただただ研修。

塾生には大学卒、大学院卒もいれば、企業を辞めて入塾した人もいた。三年目からは在籍だけして、どこでもいいから外で働けと言われた。

その後は企業に就職してもいい。政治家を目指し代議士の秘書になるのもいい。起業を目指すのもいい。ただし、進路が日本の将来の改革につながらなければならない。そうでなければ、三年間の在籍は認められなかった。

松下政経塾には販売実習がある。

当時の松下電器の製品を二カ月で二百万円分、戸別訪問で売る。しかも、条件がある。親や親戚のコネクションがある地元はだめ。地縁、血縁のない地域の小売店に一人ずつ配置されて戸別訪問をさせられた。

高市は横須賀《よこすか》の電気店に預けられた。店売りは認められない。訪問販売のみ。朝八時から夜まで、松下の電化製品のカタログを両手にさげてまわった。足の裏の皮が剝《む》けた。押し売りや新興宗教の勧誘を警戒され、ほとんど家から顔を出してくれない。二百万円が達成できない塾生は退塾らしい。そんな話が耳に入った。高市は知恵をしぼる。電池や電球などを持参して訪問営業した。

「電池切れや切れそうな電球はありませんか？」

声をかけたのが功を奏した。「私が交換します」と言って家に入れてもらい、電球を付け替えながら洗濯機やテレビについて話し、二百万円のノルマを達成した。

これが後に政治家となった時、後援会作りの活動で応用できた。

なお、高市は塾生として学んでいる時もスタジオを借りてたった一人のドラミングを楽しんだ。ドラマのスティックを四組、いつもカバンの中にひそませていた。

世界の大変化を自分の目で見たい

高市が政治家を志《こころざ》したのは、昭和六十年（一九八五年）。二十四歳の時だった。

このころ、松下は松下政経塾に足を運び、一九九〇年代に起こる変化について、主に次の三つを語っていた。

1　繁栄がアジアに移るから、アメリカ一国だけ見ていてはいけない。
2　世界の枠組みが変わる。
3　一九九〇年代以降、日本経済は長期の不況に陥《おちい》る。

当時はアジアの金融危機が日本に影響することなど考えられなかった。企業はまだそれほどアジアに進出していなかった。ベルリンの壁の崩壊、ソ連の崩壊など、誰も夢にも思っていない時期に、そのようなことを言った。日本の景気は絶好調だった。高市は松下が何を言っているのかほとんどわからなかったが、のちにどれも現実になった。

松下は経営の視点から景気変動の波を読んできた人だ。本当に一九九〇年代にそのような大きな変化が起こるのであれば、国の根幹、仕組み、安全保障政策、国連対策などの課題も次々と起きる。その変化を近くで見てみたい。高市は、その夜、企業で働くよりも、国会議員として難問に立ち向かいたいと決意した。

山田宏と野田佳彦の選挙を手伝う

現在自民党の参議院議員を務める山田宏は、高市早苗経済安保担当大臣ともっとも古くから付き合いのある国会議員の一人だ。昭和三十三年一月八日、東京都八王子市で生まれた山田は、京都大学法学部を卒業後、昭和五十六年に松下政経塾に二期生として入塾。山田と高市は松下政経塾の先輩後輩の間柄。四十年近い付き合いになる。昭和六十年七月、松下政経塾を卒塾した山田は東京都議会議員選挙に挑戦。選挙区は杉並区だった。昭和五十九年四月に松下政経塾に入塾した高市はこの時二年生。山田より三期下であった。すでに政治家志望だったので、先輩である山田の選挙を手伝った。

新自由クラブ公認の山田が出馬した都議会議員選挙は松下政経塾の塾生たちにとっての実質的なデビュー戦だった。小野晋也が愛媛県会議員選挙で当選していたが、彼は現職県議の後継者として地盤を引き継いでの選挙戦。裸一貫で塾生が挑戦するケースは山田が初めてだった。

「当時の松下政経塾はまったく知名度はありません。私の最初の都議選が政経塾にとって最初の本格選挙だったので、塾生たちが研修として手伝ってくれた。高市さんもそのなかにいました。彼女は活発だったので印象に強く残っています。関西弁で、リーダーシップもありました」

そう振り返る山田の選挙でも高市は活躍した。

「まず名前を売らないといけません。目立つために上はラグビージャージで、下はラグビーパンツ。スパイクまで履《は》き、ラグビーの試合のような格好で選挙をやっていました。高市さんも同じ服装でビラを配ってくれましたよ」

昭和六十二年には、松下政経塾一期生の野田佳彦《よしひこ》が千葉県議選に初出馬した。高市は半年ほど野田のところに住み込みで手伝った。

「金権千葉の政治風土を変えよう」

野田は、毎日、朝夕駅前で訴えた。朝の駅頭活動は今も続けている。高市も毎朝駅前でビラを配り、戸別に訪問し、了解をもらった家の塀に野田のポスターを貼った。野田は、下馬評を覆《くつがえ》し、当選することができた。

頑固な野田は牛にたとえられ〝牛男〟と呼ばれていた。

パトリシア・シュローダー

昭和六十二年初夏、アメリカ大統領候補選挙の演説が衛星放送により、日本へ送られてきた。高市はそれを奈良の実家で見ていた。

その画面に一人の女性が大写しになった。美しい。ファッショナブルで、話す姿も堂々としている。その女性がアメリカ、コロラド州選出の民主党の下院議員であり、史上初の女性大統領候補でもあるパトリシア・シュローダーだった。

女であることを大切にして、女であることに甘えることなく、仕事を進めていく素敵な女性。それが高市の受けた最初の印象だった。ただし、政策は高市と正反対。軍事委員会の大物で、日本叩きもしていた。

「この人のそばに行きたい」

すぐに高市は辞書を片手に、稚拙《ちせつ》な文章ながら英文で手紙を書いた。

「日本は女性の政界への進出は遅れています。あなたのような人の出現が待たれています。あなたのリーダーシップをそばで学びたい。私は現在、マツシタ・スクール・オブ・ガバメント・アンド・マネジメントの学生です。日本のポリティカル・エキスパートを育てようとしている初めての試みの学校で、私は政治関係の仕事をしたいと思っています。きっとあなたの助けになるはずです」

本気で書いて、履歴書を同封しポストに投函した。

来るか来ないかわからない返事を高市はじっと待っていることなどできない。もうワンプッシュするために奈良から東京へ行き、永田町の議員会館でコネを求めて走り回った。

当時のアメリカ大統領は共和党のロナルド・レーガン。

「どなたかアメリカの民主党に知り合いはいませんか!」

議員会館のドアを片っ端から叩いてまわった。

想像してみてほしい。まだ政治家でもない二十代の女性が議員会館を訪れ、自分の個人的な頼みのために一室ずつ訪ねる。めざましい行動力とエネルギーだ。このあたりは松下電機の訪問販売で鍛えられたマインドなのかもしれない。

しかし、成果はない。超国際派と言われている代議士の事務所にも断られた。高市は諦めきれず、国際派のイメージにはほど遠い国粋《こくすい》派《は》の代議士に相談した。ところが、その議員は驚きながらも自民党国際局に問い合わせてくれた。そして、来日中の民主党顧問弁護士のミスター・ハンターヘイルを訪ねることを勧められる。

さっそく高市はハンターヘイルにアポイントメントをとった。運の良いことに、ハンターヘイルはパット・シュローダーの夫、ジム・シュローダーとハーバード・ロースクールの同級生だった。

ハンターヘイルは高市のたどたどしい英語を辛抱強く聞き、アメリカにテレックスを入れてくれた。こういう時の高市は執拗《しつよう》だ。もう一度自筆の手紙をパット・シュローダーのワシントンと地元コロラドのオフィスにファックスで送信する。これでだめなら直接アメリカへ押しかけるしかない。さらに考え、アメリカ大使館の知り合いに電話で交渉した。

その電話口で次のように言われた。

「サナエ、CNNを見てごらん。今パット・シュローダーが泣いている。経済的な理由で大統領候補を降りたんだ。四年後の大統領選を戦うと言っている」

あわててテレビのスイッチを入れると、パットが夫にもたれかかって泣きながら大統領選撤退会見をしている。確かに大統領選への出馬は諦めたらしい。しかし、高市は大統領候補のパットにだけ興味があったわけではない。彼女自身に魅《ひ》かれていた。

その夜、さっそくパット・シュローダーに電報を打った。

「あなたの悔しさは理解できます。でも、四年後の選挙があります。その選挙に向けて、私はあなたの力になれるはず。あなたが大統領選を降りた今も、私は変わらずあなたを尊敬しています。どうか、おそばで働かせてください」

長い高額の電報だ。

翌日、パットからファックスが届く。

「お手紙ありがとう。待っているわ」

その一週間後、高市はワシントン行きのエコノミークラスに搭乗していた。

十万円をポケットにワシントンへ

高市の急な行動に、突然別れのときが来たボーイフレンドは成田で泣いた。松下政経塾のスタッフは激怒する。母はあきれる。

しかし、高市は前を向いていた。未来へ向かう興奮を抑えられず機上の人になった。父親の大体には十万円だけ借りて、それをポケットにねじ込んだ。

バージニア州、ワシントン・ダレス国際空港からグレイハウンドでワシントンＤＣへ。ところがその日はホリデイで、どの店もシャッターを降ろしていた。ワシントンＤＣは人口の七〇％以上が黒人である。そんな街を高市はキャリーバッグを転がして歩く。どのホテルもホリデイなので満室。喉《のど》は渇く。日本のような自販機はない。お腹は減る。知り合いはいない。お金はない。夜の帳《とばり》が降り、寒さに震えた。

半泣きで訪ねた何軒目かのホテルでやっと、一泊七十ドルの部屋を見つけた。

お金も時間も無駄遣いはできない。翌朝は早くから『ワシントン・ポスト』の広告をチェックしてアパートを探し、一カ月三百ドルの部屋を見つけた。バス、トイレ、小さなキッチンで約十五平米。暖房付。ベッドもふとんもないので、床に段ボールを敷いて寝た。管理人のマッコイという黒人のおばさんが憐《あわ》れんで、クタクタの毛布を一枚貸してくれた。

レイバーン下院議員会館四階のパット・シュローダー・オフィスを訪ねると、国会事務所を仕切っていた五十歳くらいのおじさん、政務補佐官のダンが迎えてくれた。

「ああ、日本から電報を打ってきたのはキミか」

本当に来たのか、と驚いた様子だった。

パット本人もいた。

「ウェルカム！」

笑顔で近づき固く手を握ってくれた。

ＣＮＮニュースで見たあの美しい人が眼の前に立っている。興奮した高市は、どんなにパットを尊敬しているか、どんなに一所懸命パットのために働こうと思っているかを、たどたどしい英語で熱を込めて語り、手をにぎり返した。

後にわかるが、大げさな出迎えはこのパットのオフィスではいつもの習慣だったのだ。

挨拶がすむと、その日から仕事が待っていた。まずは、インターンからのスタートだった。

インターンの仕事は、早朝から手紙の仕分け。そして、電話番だ。議会内の連絡事項と一般有権者からの文句の電話に対応する。多くの場合、相手は電話代が惜しいので早口で怒っている。「パットに替われ」と言う。根負けして直接パットにつなごうものなら、無能の烙印《らくいん》を押されてクビだ。忍耐強く相手の用件、名前を聞き、その政策を担当する補佐官のデスクにつなぐ。

連邦議会コングレッショナル・フェローになる

そんなおり、オフィスで働くコングレッショナル・フェローが辞めることになった。コングレッショナル・フェローとは、連邦議会の特別研究員で、大学の助教授などが就《つ》くことが多い。チャンスだ。

「後任は誰かに決まっているのかしら」

高市は辞める本人に確認した。

「決まってはいないけれど、優秀な大学の助教授やシンクタンクの研究員から履歴書がたくさん届いているから、あなたにはノー・チャンスだと思うわよ」

ストレートに言われた。ごもっともである。しかし、引き下がる気持ちなど毛頭なかった。辞める彼女に取り入って強い推薦をしてもらうしかない。翌日から毎朝七時に出勤し、夜十一時まで残業して、やる気をアピールした。

高市は自分をコングレッショナル・フェローにした場合のメリットとデメリットを整理した。

デメリットはまず言葉の問題。読み書きだ。それでも、英語力は意外に早く身についてきて、日本の英語教育が優れていることを再認識した。中学や高校の英語の授業では、アメリカ人が理解できない関係代名詞を使った構文を勉強させられる。それが生きた。難解な文章がさらさら読める。インターンとして手紙を仕分けすると、数名のアメリカ人インターンよりも高市が一番作業が速い。斜め読みでだいたいのポイントは摑むことができる。

政府から情報を取る能力も重要だ。たとえば、住宅金融法案を作りたいとパットが言う。各国の住宅金融法案の資料を集めるためには、政府内の組織を把握している必要がある。自分にその能力があることを他の議会スタッフに認識させたい。

高市はスタッフたちの会話に聞き耳を立てた。オフィスに届く手紙を注意深く読み、どんな立法作業が行われ調査をしているかを探り、その分野を勉強した。その成果をレポートにして全スタッフのボックスに放り込んだ。

「これは私の個人的な興味です。この数字が参考になるようでしたら使ってみてください」

そんなメモを添えた。自分が役に立てる人間であることをアピールしなくてはならない。

昭和六十三年（一九八八年）一月八日、パット・シュローダーはバーデン・シェアリング・パネルの会長に就任した。日本とヨーロッパに軍事費負担を強《し》いる専門部会のトップだ。日本叩きのネタであった東芝機械ココム違反事件問題が少し下火になってきたため、今度は軍事費問題で叩くのが狙いだった。

「日本人の私にとって、とても興味がある問題なので資料を読ませてほしい」

高市の申し出に、軍事担当の補佐官のトムは顔をしかめながらも見せてくれた。資料に高市は数字の間違いを見つける。

「日本にとっていいことであれ悪いことであれ、不正確な数字はパット・シュローダーの信用に傷がつくでしょ。私に作り直させる気はない？」

高市の申し出にトムは応じた。

「日本大使館に連絡をしても、担当の者がいない、としか言わない」

トムは打ち明けた。日本の官僚組織に蔓延《まんえん》する事なかれ主義がアメリカにもあったのだ。

高市が日本大使館に出かけて最新の経済白書を求めると、昭和五十六年のデータを渡された。それ以降は保存されていなかった。最新の防衛白書をリクエストすると、英文のものが一冊しかない。「持ち出さないでください」と言われた。

資料を書き直したことが、高市にチャンスをもたらした。ボックスに放り込みつづけていたレポートの実績も評価され、コングレッショナル・フェローとして認められ、専用のデスクとコンピューターを与えられた。

高市は、パット・シュローダー・オフィスのスタッフになり、その後、下院小委員会の事務局でも働いたが、米国連邦議会コングレッショナル・フェローとして主に金融、中小企業政策、貿易問題を担当、平成元年三月に帰国する。

まっすぐ王道を歩け

帰国後、高市はさっそく松下幸之助のもとに報告に行った。松下は大阪の松下記念病院のベッドにいた。車椅子生活だったが、顔色は悪くない。

「アメリカでいい経験をしてきました。向こうは納税者意識が日本よりもずっと強い。国会議員と有権者は手紙でもキャッチボールをしていて驚きました」

そんな高市の報告に松下は熱心に耳を傾けた。

しかし、一カ月後の平成元年四月二十七日、松下幸之助はこの世を去る。

享年九十四。

知り合いの記者からの連絡に、高市は声を上げて泣いた。

松下政経塾入塾後、高市は松下と何度も会話を交《か》わしている。松下は松下政経塾に泊まりがけで訪問してくれていたので、多くのことを本人から直接吸収することができた。

「成功の要諦《ようてい》は、成功するまで続けるところにある」

この松下の言葉は高市の財産となっている。

「ほとんどの人に成功のチャンスはあります。でも、脇道に逸《そ》れたり、途中でやめてしまったりするから成功しないだけです。志《こころざし》をもって続ければいつか必ず成功できます。続ける大事さを学びました」

さらに胸に残っている教えがある。

「まっすぐ王道を歩け」

という言葉だ。たとえば、第一志望と第二志望があるとする。第一志望は、ほとんど見込みがなくても一番やりたいこと。第二志望は、それほど熱意はないけれどリスクが低いこと。二者択一を迫られたとき、高市は第二志望を選ばなくなった。

後に自民党の代議士に奈良県議選を勧められた。県議から国政を目指すことが頭をよぎった。しかし、心が待ったをかけた。国政への問題意識はたくさんあったが、県政は勉強不足。県政にはその道のプロがいる。彼らの問題意識のほうが強い。高市は最初から国政にチャレンジするべきだと判断し、丁重《ていちょう》に断った。

参院選敗北

高市は松下政経塾を卒塾し、日本経済短期大学（現亜細亜《アジア》大学短期大学部）の助手に就任。キャスターとしてメディアで発言するようになる。平成元年三月には、テレビ朝日『こだわりＴＶ　ＰＲＥ★ＳＴＡＧＥ』のキャスターになる。立憲民主党の参議院議員であった蓮舫との共演であった。

「蓮舫さんと党は違いますが、いまだに親交はあります。予算委員会ではかなり攻撃されていますが、かすかに気遣いを感じています」

平成二年十月には、フジテレビ系列の朝の情報番組『朝だ！どうなる』のメインキャスターも務めている。

平成四年六月九日、自民党公認での参院選への出馬を目指していた高市は、奈良ロイヤルホテルで行われた自民党奈良県連の参院選公認候補投票に敗れた。最終的な投票結果は、参議院議員の服部安司《はっとりやすし》の三男、服部三男雄《みなお》が百六十二票。高市は百三十七票。父親の縁で県連役員名簿を持っていた相手候補が手土産を持って県連役員宅を訪問していた間、名簿を持たない高市は、県連役員に電話することさえできない。仕方なく、必死で政策演説の草稿を考えていた自分が間抜けに思えた。得票の内訳を知り、応援してくれている若手の落胆ぶりを目にし、このまま降りるわけにはいかないという思いが強くなる。

高市は保守分裂を招くことを承知の上で、六月二十九日に記者会見を行い、無所属での立候補を表明した。

しかし、次点で敗れる。

「態勢が整いキチッとしたものができたらまた挑戦します。今は反省。出直しです」

高市は涙ぐむボランティアから花束を受け取った。

「風は吹いたと思います。ただ、ちょっと風速が弱かっただけ」

そう敗戦の弁を述べた。

初挑戦は二十代から節約して貯めてきた選挙資金をすべて投入した挙げ句の落選だった。

選挙にすべてを賭け、仕事を辞めていた高市は一気に無職の一文無しになった。

しかし、政治活動だけは続けなければならない。毎朝六時半には家を出る。九時頃まで駅前で演説。その後は、夜まで訪問活動やミニ集会を繰り返した。活動費用は多くの人に頭を下げて、個人寄附で工面《くめん》したが、それは生活費には使えない。自宅で〝ただ飯食い〟の状態だった。「成功の要諦は、成功するまで続けることにある」という松下政経塾時代に松下幸之助が力説していた言葉がこのときも高市の頭のなかによみがえった。

「会社員の家庭でも努力して最低限のお金があれば後援会はつくれる。知名度がなくても、お金がなくても、政治を諦める必要はない。諦めてはいけない。やめてはいけない」

そう、自分に言い聞かせた。

第三章　早苗、逃げるな！

父からの手紙

平成五年六月十八日、宮澤喜一総理が突然、衆議院を解散。総選挙となった。出るか。出ないか。高市が選挙に出馬するか否かの判断を迫られた。

支持者たちの考えは「次を待て」だった。当時は細川護熙《もりひろ》を党首とする日本新党のブーム。家の近所には日本新党の候補予定者の事務所ができ、あちこちに日本新党のシンボル、緑の旗が立った。自民党はというと、現職は皆安定した強さを維持している。

つまり、高市のような保守思想を支持する有権者は自民党に投票、若さに期待する有権者は日本新党の若い候補を選ぶ。実際、候補者の顔触れを見ても、入り込む隙《すき》がなさそうだ。新生党の前田武志、自由民主党の奥野誠亮《せいすけ》、田野瀬《たのせ》良太郎、公明党の森本晃司《こうじ》……。錚々《そうそう》たる顔ぶれだ。無所属の高市に票が集まる見込みはない。

連続で落選したら政治生命は潰《つい》える。もう一期待ってしっかり準備を整えてから出馬するべきだとの考えで周囲は固まっていた。正論だ。現実的に選挙資金も十分ではなかった。しかし、高市には落選以来続けた活動で妙な自信が育《はぐく》まれていた。根拠はない。肌感覚でしかない。落選した参院選から一年間、徹底的にミニ集会を開いてきた。十人に満たない小集会がほとんど。それでも一年間で三千回、計約一万五千人が参加している。

「ここで落ちるなら、四年待っても落ちる」

そう感じた。しかし、そんなことは猛反対している後援会の人々には言えない。立候補届出の締め切りは刻々と近づいてくる。

ある日、遅く帰宅した高市が牛乳を飲もうと暗いキッチンへ行くと、テーブルに手紙が置かれていた。表には「早苗へ」と書かれている。父親からだった。

封筒を開けると、こう書かれていた。

「退職金は選挙費用の足しに全部使ってよい」

父・大休は定年退職した直後だった。一介のサラリーマンにとって、退職金は何十年も勤めあげた最後の給金。老後の貯《たくわ》えだ。それを全部使っていいと書かれていた。

「持って生まれた運を信じて、全力投球せよ。間違いなく勝つ」

「イライラせずに自信を持ってやりなさい」

「お辞儀と握手を忘れずに」

このようにも書かれていた。父はわかっていてくれた。

選挙に出馬すべきか否かに関して、高市は家で一度も口にしていない。

翌日、高市は急遽《きゅうきょ》出馬の記者会見を開いた。

出がけに、父が言った。

「気楽にやれ」

覚悟ができた。落ちたら、そのときはそのときだと、腹をくくることができた。

「落ちたら落ちたで、当選するまで続けよう」

そう決めた。

週刊誌の当落予想では、高市はどこも黒星マーク。つまり絶対落選者の評価。

選挙区の奈良は全県区。奈良市から最も遠い十津川《とつかわ》村までは車で片道約五、六時間かかる。選挙カーの走行距離は二千五百キロを超えた。移動の途中で何度もクルマを降りて演説した。その回数は約四百回。

ひたすら歩いて、政策を訴えた。組織作りは共産党を参考にした。共産党の組織は小さくても強い。共通の思想を持っているからだ。

結果は十三万一千三百四十五票でトップ当選。奈良県内で初の女性代議士だった。

日本新党の細川護熙党首は非自民連立政権の首班となり政権交代を実現。自民党は結党以来、初めて野党に転落した。

小沢一郎にかみつく

平成六年三月、自民党の若手議員らが保守の新しい理念づくりを目指す目的で政策集団「リベラルズ」を結成。中心は柿澤弘治《こうじ》と、すでに解散した新生自民党をつくる会のメンバーだった太田誠一、新井将敬《しょうけい》、佐藤静雄。無所属の高市早苗、中村力《りき》ら二十人が集まった。そのリベラルズを母体に柿澤弘治らが七名で自由党を結成し、高市も参加した。

「無所属で当選してきたら、自民党で追加公認する」という自民党幹部の約束は果たされず、高市はいつまでも無所属議員として過ごすことに虚《むな》しさを感じていたからだ。ここで、自民党入りは、一度、断念した。

党首の柿澤が平成六年四月に羽田孜《はたつとむ》内閣で外務大臣に就任。高市は与党の一員となる。

その七月、自由党は自由改革連合に参加し、さらに同年末に新進党《しんしん》に合流した。

高市は、小選挙区比例代表並立制が導入された平成八年の衆院選に奈良一区から新進党公認で出馬。ところが、選挙公示日に高市と党の考え方の違いが決定的になった。

総選挙前、新進党の税制調査会で徹底的に議論した上で、「大規模な減税は不可能」という結論を出した。にもかかわらず、新進党党首の小沢一郎が総選挙の公示日の十月八日に突然、十八兆円の大規模減税策を公約に掲げる。

高市は許せなかった。

しかし、公職選挙法では選挙活動中の離党は認められない。後援会幹部は、高市が選挙期間中に党本部や自治省と何度もやり合い、有権者に申し訳が立たないと悩んでいたことを目《ま》の当たりにしていたので離党やむなしとしていた。高市は、選挙期間中に「離党届」を党本部に郵送したが、返答はなかった。

高市は十月二十日の投票日、六万五百七票で二位の森岡正宏を破り二選目を果たす。

高市は強引な党運営を行う小沢一郎党首を批判した。

「私は首相指名選挙で小沢さんの名前を書く気持ちになれません。離党するかどうかの結論を首相指名選挙までに出したい」

そんななか、十一月七日、社民党、新党さきがけが閣外協力に転じ、三年ぶりの自民党単独内閣、第二次橋本内閣が発足。経済政策では小沢党首と、真っ向から対立した。

「小沢党首は選挙中、政権奪回に失敗したら責任をとるとおっしゃった。党首を辞任しないのは公約違反ではないでしょうか。十八兆円減税など五つの公約も、党税制調査会常任幹事の私は発表で初めて知りました。執行部の数人で公示直前に決めたと言います。党内で意見を言える場がまったくない。だから恐怖政治と言われるんです」

　執行部も厳しく非難した。

「テレビで党を少し批判しただけで、西岡武夫幹事長らが離党届は受理せず除名にしろ、と発言していると報道されました。これでは党に対して文句を言った人はみんな離党せざるを得なくなります」

　さまざまな嫌がらせ、脅迫電話、ファックス、手紙が高市の事務所だけでなく、実家にも届いた。朝、高市が事務所に行くと、十数メートルもの長さのファックス用紙が流れ出している。

「殺してやる」

「死ね」

「家に火を点《つ》けてやる」

　脅迫めいた内容の電話が自宅にも殺到した。両親は精神的に追い込まれた。

　そしてついに父親が倒れる。

　高市は思い悩んだ。

「辞職すべきなのでは？」

辞めて再度選挙で無所属の人間としての審判を仰《あお》ごうと考えた。そんなおり、東京にいる高市の元へ手紙が届く。病床の父親からだった。選挙の出馬前に「早苗へ」だった宛名は「早苗殿」になっていた。

『こんなことで落ち込んではいけない。今こそ堂々と胸を張るべき時。早苗、逃げるな。これは早苗にとって、必ず越えなければならないハードルだ』

武骨な父の文字に、高市は胸が詰まる思いだった。

高市はついに新進党を離党することができた。二期目の当選から間もない平成八年十一月に自民党に入党。清和《せいわ》政策研究会に所属する。

小泉純一郎の素顔

高市早苗は清和会（清和政策研究会）に所属する安倍晋三と同期当選。二人は平成五年の衆院選で国会議員になった。途中高市が一度落選したため、四期目以降は安倍が先輩になったが、二人の交流は変わらず続いていた。

安倍は眩《まぶ》しくキラキラした新人議員だった。岸信介元総理の孫で、安倍晋太郎元外務大臣の次男。政界のサラブレッド。自民党内では若手のホープとして注目されていた。

平成九年二月二十七日、自民党の衆参両院八十九名もの議員が参加し、日本の前途と歴史教育を考える若手議員の会が発足した。会長は中川昭一。当選二期目で三十五歳だった高市も、若手議員の一人として安倍とともに参加した。事務局長が安倍、幹事長は衛藤晟一《えとうせいいち》、高市は幹事長代理となった。

平成十年七月、高市は、小渕恵三《おぶちけいぞう》内閣で通産商業政務次官に就任。平成十二年六月二十五日の総選挙では、比例近畿ブロック単独で出馬し三選される。

平成十三年四月十日午前、小泉純一郎は派閥の清和会を離脱して総裁選に臨む態度を示した。小泉が推薦人を頼んだのは渡辺喜美《よしみ》と平沢勝栄《かつえい》、そして田中眞紀子だ。

「派閥均衡、年功序列の人事はいっさいやらない」

小泉は言い、さらにこう宣言した。

「派閥の領袖《りょうしゅう》を辞める。もう二度とふたたび派閥に戻ることはない」

小泉は、山崎拓《やまさきたく》、加藤紘一《こういち》の両派とＹＫＫ戦線を組んだ。決選投票になれば、情勢はお混迷する。小泉が第一回投票で一位か、僅差の二位になれば、反橋本感情が強い無派閥や、若手議員の行動次第で展開は読めなくなる。

小泉はそれまで会長を務めていた森派（清和会）を離脱。しかし、小泉選対の中核はやはり森派であった。

森派三回生の高市は表立った選挙運動を行わなかった。政策をじっくりと見極めた上で、誰に投票するかを決めようと考えていた。

「派閥の決定だから小泉さんを支持するとは言いたくありません。政策を吟味《ぎんみ》して、内容で決めます」

そのように派閥の総会で言明。小泉選対にも顔を出していない。

清和会の中で温かみを感じ、信用できると感じていたのはは森喜朗だった。重要な決断を迫られたときは、森か町村信孝に相談する。一匹狼《おおかみ》と見られている小泉には、人間的な温かさを感じない。何か問題が生じたときに小泉に相談しようとは思わなかった。

総選挙の公示を一カ月後にひかえた平成十二年五月半ば、高市は小泉を清和会の会長室に訪ねた。森喜朗が総理になったので、小泉が清和会の会長を務めていたのである。高市は自分が自民党公認で、小選挙区で出馬することを小泉に念押しした。まったく問題ない、という返答に安堵《あんど》した。選挙事務所の設営やポスターの制作には数千万円のコストがかかり、もう発注しなくてはならない。

ところが数日後、自分が比例に回されるという噂を耳にする。あわてて再度小泉を訪ねたが、小泉は前回と同じ対応だった。

「大丈夫だ、おれを信じて事務所を建てろ」

小泉ははっきりと言った。

ポスターの印刷を発注する前にも、また小泉に確認する。

「大丈夫だ。刷っちゃいな」

ところが二日後、高市は清和会の職員から呼び出される。

「すまない。今回だけは泣いてくれ。比例に回ってほしい」

森が申し訳なさそうに言った。

高市は耳を疑った。小泉に小選挙区での党公認を確認して、選挙事務所設営やポスター制作にすでに数千万円を使っている。そのことを森に話した。

森は体をのけぞらせた。そのころ森は「日本を神の国」と発言。批判されて、橋本派の青木幹雄《みきお》、野中広務《ひろむ》、公明党に迷惑をかけた。その代償で、奈良一区は橋本派の新人候補を公認、高市を近畿ブロックの比例代表に回すことを了承していたのだ。

「総裁派閥にいることを不運と思い、泣いてくれ」

森はさらに深々と頭を下げた。

高市は涙が溢《あふ》れた。選挙事務所設営やポスターなどの印刷代で三年間かけて貯めていた政治資金はすっかりなくなった。比例候補には党からの軍資金は少ない。スタッフの給料の支払いにも汲々《きゅうきゅう》としているくらいだ。しかし、小泉は何事もなかったかのようにしている。現在にいたるまで直接の詫びも説明もない。

自民党公認は原則として現職優先、支部長優先。党内調整で現職の支部長が選挙区候補から外されたのは、全国で高市以外例がない。

落選

平成十三年四月二十三日の午後六時から、赤坂プリンスホテルで清和会のパーティーが開かれた。パーティー券は、三月に印刷したため、小泉会長名で販売されていた。清和会のパーティーは通常小さな部屋で、出席者もまばらであった。ところが、このときは大盛況。大広間がスシ詰め状態になった。

午後六時半、小泉が登場しさらに盛り上がる。来賓の亀井静香は総裁選出馬を断念。小泉への全面協力を表明し、小泉の一人勝ちが確実視されていた。

翌二十四日、党大会に代わる両院議員総会で総裁選が行われた。小泉は地方票百二十三票、国会議員票百七十五票、合わせて過半数を超える二百九十八票を獲得し、一回目で総裁選を制した。橋本は百五十五票、麻生は三十一票であった。

平成十五年十一月九日投開票の総選挙では、高市は奈良一区から自民党公認で出馬した。この衆院選は彼女にとって苦しい戦いになった。競合するのは民主党の馬淵澄夫《まぶちすみお》。解散直前に自民党本部が行った奈良一区の世論調査と高市自身が専門業者に依頼した世論調査では、ともに高市が二桁《けた》台のリード。「この数字で投票日までに逆転されたケースは過去には皆無」とのコメントまでが付く。

しかし、選挙戦は何が起こるかわからない。奈良一区は、同じ政党または友党の候補者の一人を小選挙区、もう一人を比例区に単独で立候補させて選挙の度に二人を交代させるコスタリカ方式。高市が敗戦すると次の選挙に出馬する自民党候補は苦戦する。

選挙戦前半は絶好調。街宣車で走っていても確かな手ごたえを感じた。多くの有権者が家から飛び出して来てくれた。一日に数十カ所の街頭のスポット演説も大勢が足を止めて熱心に聴いてくれた。毎夜五カ所ずつ開催した個人演説会も大入りだった。

ところが、投票日の五日前に空気が変わる。手を振る人が激減。街頭演説でも冷たい視線を感じた。

選挙戦中盤の連休に無党派層が多い奈良市西部・北部の住宅地に大量の文書が郵送されていたのだ。高市や彼女の両親を中傷する内容だった。犯人は不明。「名誉毀損《きそん》」「虚偽事項の公表」に該当するもので、投票日三日前に告訴したが、各新聞社は告訴事実すら報道しない。名誉回復の機会は与えられなかった。

さらに、女性三人一組で高市の悪口を言う戸別訪問のローラーグループが市内各地に複数出没した。市内のレストランなどで「高市早苗には隠し子が三人いる」「枕営業で委員長や副大臣になった」などと大声で話し続ける女性チームも各地に多数出没し、インターネットでも同じ内容が流されていた。その上、コスタリカ方式の相手方である自民党比例候補の後援会名を名乗り、民主党候補への投票を依頼する電話までかかっていた。

結局、高市は落選。比例代表での復活当選もならなかった。

連立する公明党の推薦を受けられなかったことは響いたが、できることはすべてやった。当選すれば四期目。議員立法で準備していたいくつかの法律案が提出できなくなったことが心残りだ。しかし、選挙結果を素直に受け止めて、思いは断ち切るほかにない。

落選後は近畿大学経済学部総合の教授として中小企業論と産業政策論を担当し再起を目指した。

平成五年の初当選以来、十年間国会議員として活動していた高市にとって、落選のダメージは大きかった。しかし、政界を離れたこの時期にプライベートでの大きな変化があった。疎遠だった山本拓《たく》と心の距離が縮まったのだ。

結婚

山本拓は、昭和二十七年七月七日福井県鯖江《さばえ》市生まれ。父親の山本治《おさむ》は鯖江市長、福井県議会議長、自民党福井県連幹事長を歴任、父方の祖父の政雄も福井県議会議員を務めた。

山本は福井県議を二期務め、平成二年の衆院選で福井全県区から自民党公認で出馬し、初当選する。高市早苗が初当選した平成五年の衆院選でも再選された。

平成六年には柿澤弘治らと自民党を離党し自由党を結党。羽田孜内閣で与党入りする。この時、無所属だった高市も自由党に参加し、山本と行動をともにしている。その後、新進党に入党するが、平成八年の衆院選で福井県二区から出馬し、落選。翌平成九年の福井県知事選でも落選。一度は政治家を引退するが、平成十五年の衆院選で福井県二区から自民党公認で出馬し七年ぶりに国政復帰した。

国政復帰をきっかけに、山本と高市の距離が近づいた。

落選した高市に、山本は励ましの電話をかけている。

「僕も落選経験があるので、直後の大変さはわかります。短期間で国会事務所の撤収や秘書の再就職先探しもしなければならないでしょう。力になれることがあれば遠慮なく言ってください」

このとき、山本は高市の秘書を務めていた実弟、知嗣を秘書として雇用している。高市事務所が使っていたファックスやコピー機も引き取った。

山本と高市が会ったのは年が明けた平成十六年の五月下旬。経済人と議員が意見交換を行う席でのことだった。

席上、高市はある企業の役員から言われた。

「落選している今のうちに、結婚相手を見つけてあげないといけませんね」

議員の間は多忙で、プライベートのことに時間を捻出《ねんしゅつ》するのは難しい。

「結婚を前向きに検討したくなっていたので、御社の社員さんでいい方がいらしたらご紹介ください」

そんなやり取りを耳にした山本から、後日電話がかかってきた。

「真剣に結婚相手を探しておられるなら、僕も立候補させてください。離婚歴アリで三人の子持ちですが。調理師免許を持っているので、一生美味しいものを食べさせます」

思いもよらぬプロポーズだった。

「しばらく考える時間をいただけませんか」

そう言いながらも、高市はうきうきする自分を感じていた。男性にアプローチされるなんていつ以来だろう。しかし、高市は政治家としての山本しか知らない。やたら先輩風を吹かせて命令口調だったので、正直なところ、良い印象はなかった。実際にはどんな人なのだろう。

両親に報告すると、母親は賛成した。

「年齢的に最後のチャンスなんじゃないかしら。調理師免許を持っておられるなら、料理が苦手な早苗の健康状態もよくなるわ」

いっぽう父親は、猛反対。

「学齢期の三人の子持ちは苦労するぞ。山本拓の国会議員資産報告も見た。預金はゼロ。借金は三千万円。そんな男は絶対にダメだ」

しかし、高市は結婚を決断する。プロポーズされたときの自分の気持ちに素直にしたがったのである。

結婚披露宴は、東京、福井、大阪の三カ所で開いた。

平成十七年二月八日の東京の赤坂プリンスホテルでの結婚披露宴は千人規模。現職の総理大臣だった小泉純一郎も出席して盛大に祝ってくれた。

結婚した二人は家事の役割分担を決めた。調理師資格を持つ山本は料理全般、高市は掃除、洗濯、アイロンがけなどを受け持つことにする。

刺客となる

平成十七年八月八日、小泉純一郎総理は、衆議院を解散。郵政民営化法案の参議院否決を受けての決断だった。いわゆる郵政解散だ。

「郵政民営化は本当に必要ないのか。賛成か、反対か、はっきりと国民に問いたい」

さらにこう付け加えた。

「郵政民営化に賛成する候補者しか、公認しない」

実際に、郵政民営化法案に反対票を投じた議員の選挙区に、小泉は〝刺客《しかく》〟と呼ばれる候補を差し向けた。反対票を投じた小林興起《こうき》の東京十区には比例近畿ブロックだった小池百合子を刺客として送る。当時政界のアイドル的存在だった小池だが、東京十区に縁はないので〝落下傘《らっかさん》部隊〟と言われた。

高市は当初比例代表で出馬する予定だった。しかし、そうはいかなくなる。奈良一区でコスタリカ方式の相方、森岡正宏が郵政民営化法案に反対し自民党公認ではなくなり、コスタリカ方式が成立しなくなった。高市は小選挙区で出馬するしかない。しかし、小選挙区では前市長の鍵《かぎ》田《た》忠兵衛《ちゅうべえ》の公認が党内で内定していた。

出馬取りやめの腹を決めた高市のもとに、八月十六日早朝、安倍晋三幹事長代理から電話が入る。

「高市さんは奈良二区で出ていただくことになりました。決意を持って、本日午前中に自民党本部まできてください」

本日午前中とは、あまりにも急だ。あわてて飛行機を手配した。政治家である以上、決意を持ってこいといわれたからには、イエスかノーかを決めなければならない。高市は、飛行機の中で「出る」と覚悟を決めた。

午前十一時前に自民党本部の総裁室を訪ねると、武部《たけべ》勤《つとむ》幹事長、安倍晋三幹事長代理が待機していた。

自民党は奈良一区も二区も捨てる気はない。どちらも必勝体制で臨む。鍵田は市長だから一区以外では戦えない。一方、高市は二区で二度選挙をやった経験を持つ。最初に出馬した参院選と初当選した衆院選は奈良県全域が選挙区だったのだ。

次に小泉総理と会った。小泉は厳しい目を向けた。

「党から言われていやいや出るんじゃダメだ。改革をやりたいから出させてくれ、という強い意気込みじゃないと困る」

二区では、ずっと近い存在で親しみを感じてきた先輩、滝実《たきまこと》と戦うことになる。滝は郵政民営化に反対票を投じている。小泉によって法務副大臣を罷免《ひめん》されて自民党も離党。出馬後に新党日本の副代表となった。

高市は小泉総理に会い腹をくくった。高市が断っても、小泉は別の刺客を二区に送るだろう。それならば自分が滝と戦おう。準備期間は二週間。その日のうちに奈良へ戻った。

そして夜、高市は、奈良県政記者クラブで会見を開いて奈良二区からの出馬宣言をした。

選挙事務所は近鉄生駒《いこま》駅前ロータリーに面したパチンコ店跡。秘書はいない。印刷物の製作も深夜に自分で行った。仮眠をとって六時半にはマイクを握り街頭に立った。

奈良二区は民主党が強い地盤。中村哲治《てつじ》の圧勝と言われていた。しかし、そんな予想を気にしてなどいられない。

〈自分の選挙をする〉

高市は胸に誓った。

奈良二区の決戦

「自民党をぶっ壊す」。わかりやすいキャッチコピーで小泉は国民から圧倒的な人気を誇っていた。その人気を盾にさまざまな法案を通してきた。世の中には〝小泉旋風〟が吹いており、その風は、奈良にもある程度は吹いた。しかし、強風ではなかった。

高市は、造反した滝に向けて刺客として送られた候補者だが、ほかの県とは違って、県外からの落下傘候補ではない。過去に二度も奈良二区で出馬している地元出身の政治家なので、有権者にとって新鮮さはなかった。

そもそも工業地帯の奈良二区は民主党を支持する労働組合が強い。ただし、田舎に行けば行くほど、民主党は弱くなり、代わりに田中康夫長野県知事を党首とする新党日本副代表になった滝が強い。高市という刺客も送られていることから、滝への同情票が集まりやすかった。

では、高市はどう戦うか？　悩みに悩んだ。

そんな選挙戦中、風向きが変わった。中村に対し勝算がないと判断した滝が新党日本の比例での当選を目標に方向転換。近畿で一議席を獲得するために、兵庫県、大阪府、京都府に電話作戦を始めた。それまで二区の自民党員は、高市が公認とはいえ滝の応援にも回って、票の分散が言われていた。しかし、そんな自民党員の悩みが解消されたのだ。小選挙区は「高市」、比例では「新党日本」と書けば、自民党にも滝にも面目が立つ。

中村は変わらず強い。しかし、高市は小選挙区でのトップ当選しか考えていなかった。一番でなければ、奈良県民が自民党の政策を支持したことが証明できない。

九月十一日、投開票が行われる。

高市は九万二千九十六票。二位の民主党の中村哲治候補の七万二千七十四に約二万票もの差をつける圧勝だった。中村は比例でも選ばれなかった。滝は小選挙区では二万九千九百九十五票で三位だったが、狙い通り、比例で選ばれた。

九年ぶりの奈良二区であるにもかかわらず高市が支持されたことは価値があった。なによりも嬉しかったのは前回までの選挙区、奈良一区の後援会の人たちが垣根を超えて応援してくれたことだ。

福井で戦う夫、山本拓の応援は断った。奈良の県民性を考えると、夫のサポートは好まれないと判断したからだ。

幸い、夫の山本拓も当選し、夫婦ともに衆議院議員となる。

高市早苗の憲法九条改正案

高市は、『諸君！』（文藝春秋）の平成十七年六月号に「日本国憲法の九条を改正するとしたら、どんな文言《もんごん》にしますか？」というテーマで次のように寄稿した。

【日本国憲法九条改正私案】

①日本国は、国家固有の権利として、自衛権を有する。

②日本国は、国防軍を保持する。国防軍の組織及び運用は、法律でこれを定める。

③国防軍は、自衛権行使の他、法律の定めるところにより、国民保護、領土保全、独立統治の確保の為に必要な措置、及び国際社会の平和と秩序の維持を目的とする諸活動を実施する。

④日本国は、前項の目的を達成する為に必要な場合を除き、他国の領土保全と独立統治を

侵害する武力行使は、これを行わない。

⑤国防軍の最高指揮権は、内閣総理大臣がこれを有する。

【別条項に記載すべき関連事項私案】

①内閣総理大臣は、法律の定めるところにより（防衛・治安・災害・資源等）、国家緊急事態宣言を行い、国防軍に出動を命じる他、国家緊急事態解消の為に必要な措置をとることができる。

②内閣総理大臣は、国家緊急事態宣言を行う必要が生じた時には、原則として事前に、事態の緊急性によっては事後に、国会に対して説明を行い、その承認を得なければならない。

③内閣総理大臣は、国家緊急事態終了を宣言する時には、事前に国会の承認を得なければならない。

④国家緊急事態宣言に伴い国が行う措置を円滑に実施する為に、法律の定めるところにより、内閣総理大臣は、国民及び地方公共団体に命令を発することができる。

⑤この憲法が国民に保障する自由と権利は、国家緊急事態宣言発出時には、法律の定める

ところにより、一定の制限を受ける。
⑥国家緊急事態において内閣総理大臣が欠けた場合、又は職務遂行が不可能な状態にある場合には、法律の定めるところにより、あらかじめ指名された国務大臣が、国家緊急事態終了後に新たに内閣総理大臣が任命されるまでの間、内閣総理大臣の職務を代行する。
⑦法律の定めるところにより、最高裁判所の下に、軍事規律上の犯罪に関わる裁判を行う特別裁判所を設置する。（七十六条改正）
⑧両議院の会議は公開とする。但《ただ》し、出席議員の過半数の多数で議決したときは、秘密会を開くことができる。（五十七条改正）

【私案が目指すもの】

私は、政府の最大の責務は、「国民」「領土」「主権（独立統治）」を守り抜くことだと考えている。残念ながら現行憲法は、日本政府が主権国家として当然に果たすべき役割について、その正当性を担保する機能を果たしていない。私案作成時に留意した点を次に記す。

第一に、国家の生存を確保する自然権として全ての国が有する「自衛権」については、本来は憲法に明記する必要など無いのであろうが、依然、「現行憲法は、自衛権も否定した非武装中立を意味する」との解釈も存在する現状から、敢《あ》えて九条私案①に記してみた。

第二に、九条私案③の記述では、「自衛権行使以外の国防軍出動根拠」を設けることで、災害救助活動や国際協力活動の他にも、海外における邦人拉致《らち》や領土侵犯への実効的対応を可能とすることを期した。現在の政府見解は、在外公館・在外邦人への武力攻撃や領土侵犯が発生しても、自衛隊法や自衛権発動要件抵触の可能性から自衛隊出動による回復は困難としている（福田前官房長官・石破前防衛庁長官答弁）ことから、自衛権行使以外の根拠条文の必要を感じたものだ。また、国民や領土への侵害を行った主体が国家ではなくテロリスト集団等の非政府組織である場合にも、国防軍による対応を可能とすることを目指した。関連事項私案①から⑤も、現行憲法が想定していなかった事態から国民の生命を確実に守れる体制の構築を目指したものだ。

第三に、九条私案⑤で文民統制を担保するとともに、④では侵攻戦争を行わない決意を示した。国防軍は、邦人救出等の任務で他国に出動した場合にも、作戦実行後は速やかに当該国領域から撤退することとなる。

関連事項私案⑧は、国防軍の安全を確保する上で必要な軍事機密保持を可能にすることを目指した。

以上を読むと、高市が政治家としてどのように考えているか、どんなスタンスなのかがわかるのではないだろうか。

第一次安倍晋三内閣

平成十八年七月二十一日夜、ポスト小泉の自民党総裁選への立候補が取りざたされていた福田康夫は、記者団に不出馬を明言した。理由は年齢。老《お》いを不出馬の理由にしたため、将来総裁選に立候補する道を自分で閉ざした。

高市は安倍晋三を推していた。夫、山本拓は福田に近く、食事の席をともにしていた。家の中であえておたがいの行動は話さない。

高市が安倍を推す最大の理由は、国家観が近いことだ。

「国民の生命を確実に守る」

「国家の主権を守る」

「領土保全」

これら国家の構成要件を守るために何をやればいいのか。その政策に詳しい人を応援したい。だから、安倍を支持している。麻生太郎外務大臣の国家観も高市と近い。

高市と安倍は平成五年初当選組の同期。新人議員時代から、日本の前途と歴史教育を考える若手議員の会、総理の靖國参拝を支持する若手議員の会、自衛隊法など安全保障問題を議論するグループなどで行動をともにしてきた。高市が思うに、安倍の考え方や方向性にブレはない。

話術はずいぶん変わった。平成十二年七月に発足した第二次森内閣で官房副長官を務め、空気を読みながら的確に話をするようになった。慎重に言葉を選ぶようにもなった。

当時、安倍は総理の女房役である官房長官。早い時期に立候補表明はできない。しかし、着々と準備を進めていた。

自民党支持層に限れば、安倍の支持率が高い理由は北朝鮮問題と対中外交があげられる。安倍ならこれらの問題に毅然とした態度で臨むだろう。党内での人気も高い。人のために汗をかくことをいとわないからだ。他派でも、頼まれれば応援に駆けつける。一方、小泉総理は、一切の贈答品を受け取らない替わりに面倒見もよくない。同僚議員との貸し借りは最小限にする。しがらみがないから、思い切った構造改革に取り組めた。

高市は小泉の姿勢に尊敬の念を抱きながら、一人の強い思い込みで日本が間違った方向に向かったら危険だと思っていた。その点、安倍は人の意見に耳を傾け柔軟に修正する姿勢があり、しかし譲れない政策は頑固に押し通す。バランス感覚に優れている。

平成十八年九月二十日の総裁選は、安倍が麻生太郎と谷垣禎一《たにがきさだかず》を大差で破り、新総裁に選出された。得票数は、安倍四百六十四票、麻生百三十六票、谷垣百二票、無効一票。

第一次安倍内閣で、高市は内閣府特命担当（イノベーション、科学技術、沖縄及び北方対策、食品安全、少子化・男女共同参画）大臣として初入閣を果たす。

「これまで三大臣が担当した仕事を一人でやるのは大変ですが、頑張りたい」

高市は、記者会見で決意を語った。

第一次安倍内閣解散

平成十九年八月十五日（終戦の日）、高市内閣府特命担当大臣は安倍内閣の閣僚の中で唯一、靖國神社に参拝している。

平成十七年、高市は総裁選の前の五月二十三日、自身のコラムにA級戦犯分祀《ぶんし》論への疑問について書いている。そもそも政府が靖國神社に対し「A級戦犯を分祀しろ」と指示するなど、憲法に規定する信教の自由の侵害、政教分離の原則に反することだと考えている。

靖國問題を総裁選挙の争点にして、日本の首相が「日中関係＝靖國問題」といった狭い捉《とら》え方をしているというイメージを内外に発信することも得策ではない。中国にとって都合の良い首相を選出させる策に乗ってしまうことも得策ではない。

高市は、今を生きる日本人として、国会議員として、次のように強気に考えている。

「平和を守るための努力は必要です。戦争をくり返さない決意も重要です。しかし、目の前の外交事情や政局への思惑に振り回されて、半世紀以上も前の日本を取り巻いていた国際環境の中で当時のリーダーがくだした政治判断を一方的に断罪すべきではありません。もし日本が戦勝国だったら、当時の政治家たちが開戦そのものの責任を問われることはなかったでしょう。国際法を無視した戦勝国による報復裁判も行われなかったでしょう」

確かに当時の政治指導者たちに連合国の力を見誤った責任を問う声はある。現代に生きる私たちがなぜ間違った戦争をしてしまったのか、などと言って嘆《なげ》くことはたやすい。しかし、当時の日本が取り得た一〇〇％正しく後世に批判を受けない他の選択肢を堂々と示すことができる政治家などいない。戦争は、資源封鎖をされた状況で日本人の生存と国家の独立を守るための決死の選択だったかもしれないのだから。

「戦後の戦没者慰霊の在り方も、先人の努力や過去の国会の決定を軽視してすぐに変更すべきではありません。十分な研究を重ね、慎重に論じられるべき事柄ではないでしょうか」

平成十九年七月二十九日の参院選で、安倍率いる自民党は三十七議席、連立を組む公明党の九議席と合わせても過半数を下回る大敗を喫した。それでも安倍は続投を宣言。しかし相次ぐ閣僚の不祥事もあり、九月十二日に辞職を発表する。

午後二時、高市は安倍総理の退陣表明記者会見を中継するテレビ画面を茫然《ぼうぜん》と見ていた。この時点で安倍総理が説明した退陣理由は「日本がテロとの戦いを続行できる政治環境を作るために自分が身を引く」というという趣旨だった。

「この一点で退陣するなんて承服できません。総理の職を賭《と》してまでテロ対策をやり抜く決意があるならば、世論の批判を浴びても衆議院の三分の二の与党議席を活用して自衛隊派遣の根拠となる法律を通せばいい。二〇〇一年九月十一日アメリカの同時多発テロでは、二十四名の日本人も犠牲者になりました。テロ撲滅に向けての国際社会の取組みへの参加は、日本のためにも国際社会のためにも重要です。国会審議を通じて堂々とその意義を訴えれば、多くの国民は正しく理解してくれたはず」

そんな思いから、高市は安倍が記者会見を聞いた時点では憤《いきどお》りを感じていた。

ところが同じ十二日の夕方、与謝野馨《よさのかおる》官房長官が初めて安倍総理の健康状態についての会見を行う。安倍はいまも治療法が見つかっていない難病、潰瘍性《かいようせい》大腸炎に苦しんでいた。

翌十三日に朝日新聞社が行った緊急世論調査では、七〇％の国民が「所信表明すぐ後の辞任は無責任」と回答。臨時国会が開幕し内政・外交ともに重要課題が山積している中で、かつ所信表明演説を行ってわずか二日後の退陣表明は、各界、各方面から驚きの声や批判を浴びることになった。しかし、一日中便意に襲われる潰瘍性大腸炎の苦しさが報道されるにしたがって、国民からの批判は、少しずつではあるものの穏やかになっていった。

安倍が腸に持病を抱えていることは高市も知っていた。しかし、そんなひどい症状だったとは……。潰瘍性大腸炎と知り退陣やむなしと考えをあらためる。

実際に五月あたりから安倍の疲労はピークで、出席する会議の事前打ち合わせで官邸を訪れると、説明がほとんど耳に入っていないようだった。時には固く瞼《まぶた》を閉じていた。肝心なポイントは頭に入れて会議に臨んでいたものの痛々しかった。

「安倍総理の身体に無理を強《し》いてはいけない。重要な案件以外は電話や秘書官とのやり取りで済ますように気をつかっていました」

政治家は健康問題が噂されるだけでも政治生命に関わる。人目に触れるので、病院にはなかなか行けない。よほど悪化しない限り秘書や家族にも話さない。秘書官にも判断は難しかっただろう。

福田康夫の側近である夫、山本拓は福田康夫総裁誕生の期待をあきらめていなかった。総裁任期は三年。安倍総理が最高二期・六年を順調に続けたら、福田の出番はない。ところが、安倍の突然の退陣で、急遽《きゅうきょ》総裁選が行われることになった。

本命は麻生太郎。しかし、麻生には安倍内閣の幹事長を務めた共同責任がある。当然退くべき。内閣に関わっていない人選では福田しかいなかった。

このときはねじれ国会で、衆議院は与党、参議院は野党が主導権を握っている。周囲の話に耳を傾け物腰低く飄々《ひょうひょう》としたタイプの福田康夫的存在が総理にはふさわしい。

「今は緊急事態。励ましの声をいただき、やらなければならないという思いです」

九月十四日午前、福田は出席した町村派（清和会）の総会で事実上の出馬表明をした。

丹羽《にわ》・古賀派（宏池会《こうちかい》）、山﨑派（近未来研究会）、伊吹《いぶき》派（志帥会《しすいかい》）、谷垣派（有隣会《ゆうりんかい》）も、福田支持で一致。

平成十九年九月二十三日に行われた自民党総裁選で、福田が三百三十票を獲得し、百九十七票の麻生を破って、総裁に就任する。山本は福田を裏方として政策面でフォローした。政策協議には各派から参加してもらい、みんなで盛り上げる福田体制づくりに力を入れる。

高市早苗、おばあちゃんになる

平成十九年十一月三日夜、選挙区にいた高市に山本拓の長男、山本建《けん》から電話が入った。

「産まれたよ！ 男の子。ドクターに元気過ぎるって言われた。これでおばあちゃんだね」

高市は四十六歳でおばあちゃんになった。受話器を置き、嬉し涙が溢《あふ》れた。出産予定日を過ぎても誕生する気配のない長男夫婦の子のことを案じながら過ごしていたのだ。

長男夫婦には、以前に「日本時事評論」という新聞に掲載されていた言葉を贈った。


「しっかり抱いて肌を離すな＝乳児期」

「肌を離して、手を離すな＝幼児期」

「手を離せ、眼を離すな＝少年期」

「眼を離せ、心を離すな＝青年期」

その山本建は、現在、福井県会議員を務めている。

平成二十年八月、高市は福田改造内閣で経済産業副大臣に就任。しかし、九月一日午後九時三十分より福田は緊急記者会見を開催。その席上辞任を表明した。

「国民生活のために、新しい布陣で政策実現を期してもらいたい」

内閣改造からわずか一カ月、突然の辞意表明だった。総裁選には麻生太郎、石原伸晃《のぶてる》、小池百合子、与謝野馨、石破茂の五人が立候補。九月二十二日に投票が行われ、麻生が都道府県票百三十四票、議員票二百十七票、合計三百五十一票を獲得。自民党総裁に就任した。二位が与謝野馨で都道府県票二票、議員票六十四票、合計六十六票。三位が小池で都道府県票〇、議員票四十六票で合計四十六票。四位が石原で都道府県票が一票、議員票三十六票で合計三十七票。五位が石破で都道府県票四票、議員票二十一票で合計二十五票であった。

しかし翌平成二十一年八月三十日、衆院選で自民党が惨敗。自民党は公示前議席より百八十一議席減の百十九議席となり、衆議院第一党の座から転落。連立する公明党も二十一議席と過去最低の議席数となった。

野党第一党の民主党は公示前の議席から百九十三議席増の三百八議席を獲得。

麻生は退陣を表明し、九月十六日午前、内閣総辞職、自民党総裁を辞任。選挙で三百を超える議席を獲得した民主党代表の鳩山由紀夫に政権を明け渡した。

平成二十一年九月、衆院選で大敗した自民党は麻生太郎総裁の後任を選ぶ総裁選を行う。

高市は同じ派閥の清和会のメンバーである安倍晋三に会いに行った。

「次の総裁選挙に、出馬してください」

直談判《じかだんぱん》した。安倍の体調も回復しているように見えたのだ。自民党の危機に体を張って党を立て直すという実績をつくることが、安倍復帰への第一歩と考えた。

安倍内閣は斬新な政策を構築し着手していたが、志《こころざし》半ばで退陣。やり残したことが多すぎた。しかし、この時期に高市のほかに安倍を総裁選に出馬させたいという考えを持つ議員はいないことも事実で、安倍待望論が熟すには早い空気が漂《ただよ》っていた。

「私のせいで皆に迷惑をかけたのにやれるわけないだろ」

それが安倍の回答だった。高市はおとなしく引き、町村派の西村康稔《やすとし》の推薦人に名を連ねる。町村派こと清和会では正式に候補者を立てることができなかった。そこで一部の議員から推される形で、西村が出馬することになったのだ。

平成二十一年九月十八日の総裁選は、谷垣禎一が議員票百二十、党員票百八十、合計三

百票で勝利した。二位が河野太郎で議員票三十五、党員票百九、合計百四十四票であった。西村は議員票四十三、党員票は十一、合計五十四票で三位に終わった。

派閥脱会

平成二十二年二月五日、高市は同志の議員たちと安倍晋三を会長に据《す》えて、「創生日本」という派閥横断型のグループを発足させる。

高市は副会長。役員に中曽根弘文《ひろふみ》、古屋圭司、菅義偉《すがよしひで》、加藤勝信《かつのぶ》、西村康稔、下村博文《しもむらはくぶん》、衛藤晟一、新藤義孝、江藤拓《たく》、世耕弘成《せこうひろしげ》、山谷《やまたに》えり子、有村治子《はるこ》ら、のちに第二次安倍内閣を実現するために奔走した議員たちが名を連ねた。

平成二十三年の春、高市は再度安倍に総裁選への出馬を願い出る。しかし、いい返事はもらえない。

「時期尚早」

それが安倍の判断だった。

自民党総裁選挙を控えた平成二十三年夏、清和会会長の町村信孝が出馬の意思を固める。

「来年の総裁選、必ず立候補するから、絶対に応援してよ」

高市は町村に念押しされた。

自分が所属する清和会から町村会長が出るなら応援するのが筋。でも、高市の心は安倍に向いていた。しかし、安倍に動く気配はない。悩んだ末、安倍に懸けた。総裁選一年前の平成二十三年夏、高市は清和会に退会届を提出する。辞める本当の理由は言えない。

「経済的に苦しくなり、派閥の会費が払えなくなった」

そう言って清和会を去った。

この「会費が払えない」という退会理由が議員会館に広がった。そんな理由で、政治家が派閥を辞めるはずがない。高市を心配した安倍からすぐに事務所に呼び出される。

「なぜ派閥をやめる？」

安倍の問いに、高市は恐る恐る本当の理由を話した。

安倍は激怒した。

「私が総裁選に立候補しなかったらどうする！ 一人ぼっちになって一体、何がやれるんだ！」

帰路、高市は泣いた。

派閥を退会した高市は孤独だった。フリーになると、思っていた以上に寂しく心細い。

それでも、安倍を信じた。

〈きっと総裁選に出てくれる〉

そう信じるしかない。

無派閥になり、しがらみから解放され、安倍擁立に動きやすくなった。あらゆる派閥の議員との勉強会に気軽に参加して懸命に事務作業を請け負い人脈を広げていく。

「創生日本」は講師を招き、勉強会を重ね、平成二十三年七月に政策発表会を行い、後に『新しい「日本の朝」へ』という政策集をまとめた。

ここに記された政策の多くが、後に高市が経済政策を担当した第二次以降の安倍内閣で実現することになる。

平成二十四年一月十九日夜九時、久しぶりに、高市早苗、下村博文、世耕弘成、山本一《いち》太《た》の四人による勝手補佐官がそろい、安倍晋三を激励した。

高市はいつものように自分の気持ちをストレートに訴えた。

「次の総裁選挙は立ってください」

再度集まった際も総裁選への出馬を頼んだ。

しかし、安倍の口からいい返事は得られない。それでも高市は頼み続けた。

もどかしかった。民主党が政権を握り、国家観はガタガタになった。安全保障も外交も、国の仕組み自体が崩壊していく様子を政治家としてじっと見ているわけにはいかない。長引くデフレと過度な円高で、日本経済に光は見えない。

第一次安倍内閣時代での高市はイノベーション担当大臣だった。イノベーションとは、技術革新や刷新。新時代の医薬、工学、情報工学など分野ごとに二〇二五年までを視野に入れた長期の戦略指針をまとめ上げ、閣議決定された。政権を取り戻し、この戦略が再び着実に実行されたら、日本は成長するはず。

今こそしっかりとした国家観を持った政治家の登場が待たれる。安倍こそ最適だと高市は信じていた。世耕弘成も同じ気持ちだった。なかなか腰を上げない安倍に、高市と世耕は執拗《しつよう》に迫った。

安倍が立つのを待ち切れないのは、高市たちだけではない。安倍のまわりの若手・中堅議員たち約二十人が、平成二十四年八月二十四日に新経済成長戦略勉強会を始めた。九月五日には、政治評論家三宅久之《みやけひさゆき》を代表発起人とする安倍晋三総理大臣を求める民間人有志の会も緊急声明を発表。慌ただしくなっていた。

高市は単身、麻生太郎の事務所も訪れる。

「安倍先生にもう一度総裁になってほしいと思っています。麻生先生、なんとか力を貸してください」

そう申し出る高市を麻生は怒鳴った。

「君、本当に安倍さんで勝てるのか！　勝てない選挙に出すほど、安倍さんに対して酷《ひど》いことはないんだぞ。ワーワー騒いで、安倍さんを煽《あお》っているだけだろう。君たちはそれでいいかもしれんが、出馬は安倍さんの政治生命にかかわるんだぞ」

無派閥の高市は、自由な身を武器に動いた。派閥の枠にとらわれずさまざまな議員と会い、いつのまにか幅広い人脈ができていた。その人脈を頼りに、安倍晋三の経済の勉強会への入会を勧め、参加者を増やしていった。それが、九月五日に正式に発足した安倍の勉強会「新経済成長戦略勉強会」だ。スタート時には、世話人として六十人ほどの名が連なった。

安倍晋三、立つ

総裁選の告示日である平成二十四年九月十四日の二日前、安倍晋三はついに自民党総裁選出馬に名乗りを上げた。

競合するのは、石破茂、石原伸晃、町村信孝、林芳正。

高市は安倍の選挙対策本部の副本部長を引き受け、安倍の政治理念や政策を一人でも多くの党員に伝えるべく奮闘した。

勝負の行方は投票日までわからなかった。ただ、自分の選挙区、奈良二区は勝てるとわかっていた。選挙区の自民党員には毎日電話をかけ安倍支持を訴え、手応えを摑んでいた。

高市が安倍と知り合ってから十五年ほど。高市の安倍に持つイメージは上品でおっとりしていて、しかし時々厳しく主張するタイプだ。それが一変、殺気を感じた。

「政治家にとってもっとも大事なものの一つは名誉」

高市はそれを再認識した。

安倍は病気で内閣を退陣させ、多くの国民から批判された。普通は引退だろう。本人も完全な隠居生活を送りたかったかもしれない。しかし、それでも「創世日本」の活動をやり、政策をつくり、耐え忍んできた。そして再び立ち上がった。安倍が体験したさまざまな負の要素が気迫と化しているのかもしれない。

高市にとっては、家庭も緊張状態になった。高市は安倍を支持。夫の山本拓は石破を支持。もちろん、おたがい一歩も譲らない。

九月二十六日の総裁選で、党員票では石破茂が百六十五票でトップ。安倍は八十七票。議員票は石原伸晃が五十八票でトップ。安倍晋三は五十四票。

合計では石破が百九十九票で一位。安倍が百四十一票で二位。最多得票の石破が過半数に達しなかったため、石破と安倍の決選投票となる。結果は、安倍が百八票、石破が八十九票。安倍が逆転勝利した。

十月四日午前の自民党総務会で、高市は広報本部長に就任した。

このときに、高市は安倍から九月末に広報本部長就任を打診されている。実はその際、即答ができずにいた。美的感覚に自信を持てなかったからだ。高市は自分の選挙区で発行する政策広報物をすべて手作りしているが、ほめられたことがない。ファッションやメイクもほめられたことがない。

「関西のおばちゃんスタイル」

そんなふうに東京で陰口をたたかれていることは知っていた。ポスターやパンフレットなど、デザイン性が問われる印刷物の制作が避けて通れない党の広報本部長を、自分が務めることに危険を感じていた。

しかし、夫の山本拓に厳しく叱責《しっせき》される。

「お前が受けなきゃ後の人事が進まない。安倍総裁も困っている」

言われてひどく落ち込み、ようやく引き受ける決心をした。即答しなかった失礼を安倍に詫び開き直った。

「やるとなったら広報物は関西風のこってりしたわかりやすいデザインにしてしまおう」

平成二十四年十二月、民主党の野田佳彦内閣は総辞職。野田の宣戦布告を安倍が受けて立つ形で衆院選に突入した。有権者に訴える自民党のポスターのデザインやキャッチコピーは高市が担当する。

そこで、安倍と口論になった。

高市が提案したキャッチコピーは「日本を、取り戻す。」。

安倍の希望は「強い日本を、取り戻す。」。

安倍が「強い日本」と強調したい気持ちは高市にも理解できる。しかし、ポスターの文字の大きさや政権公約の表紙のインパクトを考慮すると、文字は少ないほうがいい。ポスターのサイズは統一されている。文字数が増えれば、文字のサイズは小さくせざるを得ない。高市はどうしても譲れなかった。説得を続け、安倍の了承を得た。不満いっぱいの表情のまま、安倍はしぶしぶ高市の主張を受け入れた。

平成二十四年十月二十五日朝、自民党新体制発足後第一弾となる新しい政党ポスターが完成。安倍総裁と石破幹事長の街頭演説の写真に、「日本を、取り戻す。」というスローガンが入ったポスターは、それ以前のおしゃれ系と違い、こってりのデザインとなった。自民党の意志の強さを示すために、人物と文字は大きく、迫力のあるポスターになっている。

「日本を、取り戻す。」というスローガンに、高市は強い思いがあった。民主党政権によって日本や日本人の本来のよさが失われつつある。具体的には、自立と勤勉の倫理、政治の意思決定の透明性、法運用の安定性、公共サービスの安定供給、外交の信頼性などだ。雇用と成長力を生み出すイノベーション戦略も、防災事業も、教育改革も後退している。民主党政権による不公平で不公正なバラマキ政策によって債務だけは加速的に増大。だから、このスローガンは、強く美しく成長する国、日本を取り戻す決意の表れだった。

高市は広報物の作成に没頭する。政党ポスター、政権公約集、政党政策ビラ、総裁政見放送、政党ＣＭなどの制作に追われ、衆議院解散から十二月四日の公示日直前まで、ほとんど選挙区に戻れない選挙を強《し》いられた。

不眠不休で頑張った結果、平成二十四年十二月十六日投開票の結果は、自民党二百九十

四議席、公明党三十一議席。民主党五十七議席、日本維新の会五十四議席、みんなの党十八議席、日本未来の党九議席、日本共産党八議席、社民党二議席、新党大地一議席。

自民党が公明党と合わせて、総定数の三分の二を超えて圧勝し、約三年三カ月ぶりに政権を奪還した。

第四章

総裁選、出馬

政調会長・高市早苗

平成二十四年十二月二十五日、高市早苗は安倍から女性初の政務調査会長を命じられる。

「内閣と一体になって政策を示していかなければいけない。責任ある政策を練り、実行できる政権与党でありたい」

その日に行われた就任記者会見で、高市は言った。

すぐに政調会長代理四名と政調副会長九名を人選し、各政策分野を担《にな》う部会長十三名の人事にも着手した。

人事を決める立場にあると、派閥からの推薦が付きもの。しかし、高市は無派閥なので、どの派閥からも推薦の申し出は来なかった。ただし、自薦はあった。そんなやる気がある議員はできるだけ選んだ。

高市は、再起した安倍のスケールを感じた。第二次安倍内閣発足以降、一部マスコミによる偏向報道がはじまった。しかし、安倍はものともしない。ネガティヴなイメージを流されながらもそれらを受け切り、自分の言葉で自分の信念を前に向かって発し続ける。

ＴＰＰ交渉参加を表明するにあたっても、参加した場合に考えられるメリットとデメリットを明確にし、より大きなメリットを国民に堂々と語りかけた。

平成二十五年三月十六・十七日の二日間、朝日新聞が一千五百五十三人を対象にした電話による世論調査によると、「安倍政権がＴＰＰ交渉に参加したことを評価する」という回答が七一％で、「評価しない」という回答一七％を大きく上回っている。

安倍政権の交渉参加宣言とは別に、ＴＰＰ自体についての賛否を聞いた結果では、賛成が五三％、反対は二三％。つまり、ＴＰＰ自体には反対、あるいは中立的でありながら、安倍政権のＴＰＰ参加宣言は支持をするという回答者が相当数いた。

安倍が大規模な金融緩和を唱えたことに対し、経団連の米倉弘昌《ひろまさ》会長が、「無鉄砲だ」と強く批判の声をあげた。円は急テンポで値下がり。海外から「円安狙いの金融緩和」「通貨切り下げ戦争をもたらす近隣窮乏化策」などと非難の声が上がった。

しかし、果敢な金融緩和と財政出動こそ日本が必要とする政策だと高市は思った。安倍は日本のデフレ脱却が世界経済に貢献すると力強く発信し、平成二十五年二月に開かれた二十カ国・地域（Ｇ20）財務相・中央銀行総裁会議の場では、国際社会から理解と評価を得た。

汚れ役辞さず

「命がけで安倍内閣を守る」

高市早苗は使命感に燃えていた。

安倍内閣を守るためなら、政調会長としてどんな汚れ仕事でもやる覚悟だ。そのために政府より一歩先を見ることを心がけた。政府の案を予見し、自民党内で評判が悪ければ、先に党内で言い出す。時には、的外れなことがあるかもしれない。それでも先に問題提起し、安倍内閣へのダメージを最小限に食い止めようとした。

高市は、年明け早々、テレビ番組で安倍の先手を打ってＴＰＰに関して発言してみた。平成二十五年一月六日、フジテレビの番組で高市は「交渉に参加しながら条件が合わなかったら脱退する選択肢もゼロではない」と述べ、交渉参加を容認する考えを示す。高市の発言は想定通り党内から反発を招き、八日の党農林部会では「看過できない」との意見が出た。党副幹事長会議でも農協出身の野村哲郎《てつろう》参院議員が「発言は許せない」と指摘。石破茂幹事長が「高市さんに伝える」と引き取る一幕があった。

高市は安倍のリーダーシップ力が際立つように問題提起を早めにして、多くの議員たちが議論に参加し、それを一つの意見に集約していく形作りに神経を使った。

高市が発言すれば関係する省庁もあわてて資料を集める。対応が早いため、すぐに取りかかることができる。このように着実に一つひとつを解決することが安倍内閣のサポートに繋がると信じていた。

平成二十六年九月三日に第二次安倍改造内閣が発足すると、高市はそれまでの政務調査会長から総務大臣に就任。今回も女性初の総務大臣だった。

総務大臣は平成二十九年八月三日まで三年近くにわたって務めた。異例の長さだ。平成二十九年六月二十一日には在職日数が一千二十三日となり歴代単独一位になった。平成二十九年八月三日の退任までの在職日数は一千六十六日。この間の国会答弁は二千八百五十四回。法案二十七件とＮＨＫ予算三件のすべての成立、承認を見届けている。

十月十八日、秋季大祭が行われている靖國神社に参拝。国務大臣として署名し、玉串《たまぐし》料は私費で出した。

九月の内閣改造後、例大祭に安倍内閣の閣僚が参拝したのは初めてであった。

高市は参拝後に語った。

「国策に殉《じゅん》じられ、尊い命を賭《と》して、国の存立を守ってくださった方々に感謝の気持ちと哀悼《あいとう》の誠を捧げました」

政府は十一月に北京で開かれるアジア太平洋経済協力会議（ＡＰＥＣ）の際の日中首脳会談実現に向けて調整している。

高市は日中関係などへの影響についての質問にも答えた。

「尊崇《そんすう》の念をもって感謝の誠を捧げる行為は、自由に自らの心に従うものであり、外交関係になる性質のものではない」

安倍総理は、例大祭中の参拝は見送る方針で、供え物「真榊《まさかき》」を十七日に奉納した。

総務大臣、奮闘

総務大臣になり、放送法の問題にも取り組んだ。大臣就任二カ月後の平成二十六年十一月十八日、安倍晋三総理は衆議院の解散を表明した。

この日の夜、安倍は、ＴＢＳの『ｎｅｗｓ23』に出演。だが、アベノミクスなどの経済政策に懐疑的な回答が続く街頭インタビューの映像が流れた。安倍は声を張り上げて異議を唱えた。十一月二十日、自民党は「選挙時期における報道の公平中立ならびに公正の確保についてのお願い」という文書を在京テレビ五局に送付した。

自民党は十一月二十六日にも、テレビ朝日『報道ステーション』（十一月二十四日放映）のアベノミクスに関する報道がおかしいとして、「公平中立な番組作成」を要請する文書をテレビ朝日に送付。以後、政府内で、放送法第四条が規定する政治的公平の解釈変更へ向けた動きが活発化していく。総務大臣、高市に対する野党からの批判も相次いだ。

災害対策では東日本大震災からの復興を加速することが最優先課題。全国の地方公共団体に職員を派遣するなど協力を依頼する大臣書簡を発出し、被災自治体で不足する人材の確保に努めた。被災自治体を訪問して集めた声をもとに、必要な復興事業を行うため総務省所管予算も確保している。

そんなおり、平成二十八年四月十四日二十一時二十六分、最大震度六強の地震が二回、六弱の地震が三回、熊本を襲う。

七月十四日時点で死者五十五人。負傷者一千八百十四人。熊本県内では十八万人を超える人々が避難した。全域八千三百棟、約四十八万戸停電という惨事だ。

高市は、消防活動、人的支援、財政支援、行政相談、情報通信の五本柱で「被災自治体と被災者のためにやれることはすべてやる」心構えで省を挙げての対応を指示。高市自ら被災自治体を訪問。緊急対応した。

熊本地震からの復旧・復興では、地方財政措置を充実。単年度予算の枠に縛られない資金、復興基金創設のため、五百十億円の特別交付税措置を講じた。

平成二十八年八月十七日から八月三十日にかけて発生した台風第十号は、岩手県大船渡《おおふなと》市に上陸。死者二十二人、行方不明者五人の人的被害が生じた。

平成二十九年七月の九州北部豪雨では、死者三十七名の被害があった。

いずれも発災直後に関係局長会議を招集し、応急対策・復旧対策について指示した。

災害の被災自治体には高市自身が訪問し、被災地域の状況を踏まえて現地から総務省職員に指示。早期に普通交付税の繰上げ交付・応援職員の確保を実現した。

高市は台風十号直後の岩手県岩泉町《いわいずみちょう》の被災地も視察。発災時の情報伝達が十分ではなかったことを踏まえ、特に高齢者や外国人に対する備えとして災害時に必要な情報を確実に届けるための環境整備を図った。それが「情報難民ゼロプロジェクト」だ。

高市は総務省の働き方改革にも取り組んだ。職員が生産性の高い仕事をするためには、家族との時間をはじめ人としての時間の充実が不可欠。まず総務省職員に対し働き方改革を呼びかけた。ＩＣＴ（情報通信技術）を活用した働き方改革として、テレワークを推進するため「総務省テレワークウィーク」を発案。平成二十七年度には、管理職を含む一千三百六十人（平成二十六年度の三・九倍）がテレワークを実施。総務省内に働き方改革の輪を広げた。

そのほかにも、女性の活躍推進、地方の一般財源総額の確保、公営企業の経営の効率化と経営の健全化などに尽力した。

マイナンバー制度も推進した。

平成二十七年十月にマイナンバー制度が施行され、高市は平成二十八年八月三日の内閣改造で、総務大臣と内閣府特命担当大臣（マイナンバー制度担当）を兼務する。セキュリティ対策の強化やマイキーによる地域活性化などマイナンバーカード利活用方策の検討を指示し、制度の円滑な導入に向けて注力した。

マイナンバーカードの交付は、多くの地方公共団体の窓口で滞留が見られた。そこで、総務省にマイナンバーカード交付促進支援チームを発足させ、マイナンバーカード交付促進マニュアルを策定。マイナンバーカード交付事務費補助金の対象メニューの拡充などで、平成二十八年十一月中には交付の滞留を解消させた。

地方公共団体からマイナンバー関連システムの整備・改修経費に関する要望が強いなか、約二百四十億円の増額、マイナンバーカード関連で約一千億円の予算を確保した。マイナンバーカードの利便性を高め、普及を図るためワンストップ・カードプロジェクトを立ち上げた。これは、マイナンバーカードの利便性を実感してもらうために関係課室長などで構成するプロジェクトチームだ。

住民票や戸籍書類のコンビニエンスストアでの交付を全国展開する方策なども平成二十八年十二月末に取りまとめた。図書館や商店街などで利用できるマイキープラットフォーム、クレジットカードのポイントや航空会社のマイレージなどを合算して全国の商店街などで使える地域経済応援ポイントも導入。運用開始に目途《もくと》が付いた。

サイバーセキュリティへの対応にもぬかりはない。三月十八日（サイバーの日）に開催される政府機関におけるサイバー攻撃対処能力の向上を目的とした各府省庁対抗サイバー攻撃対処訓練で、平成二十七年、平成二十八年、平成二十九年に、最もチームワークに優れた省庁に対して総務大臣賞を授与。意識の向上をはかっている。

平成二十九年度の予算要求において財務大臣と折衝《せっしょう》し、国立研究開発法人情報通信研究機構（ＮＩＣＴ）にナショナルサイバートレーニングセンターを組織し、中央省庁・自治体・重要インフラ事業者などを対象とした実践的サイバー防御演習の強化、東京大会の適切な運営に向けた演習の実施、若手セキュリティエンジニアの育成に取り組むために、ナショナルサイバートレーニングセンターの構築事業について十五億円を確保。実践的サイバー防御演習の人数を三千人に倍増できるようにした。

平成二十九年に、地方自治体・民間企業・各種団体等におけるサイバーセキュリティの現場で優れた功績があり、今後更なる活躍が期待される個人または団体（チーム）を表彰するサイバーセキュリティに関する総務大臣奨励賞を創設。ＮＩＣＴにおけるＮＩＲＶＡＮＡ改（ニルバーナ・カイ）等のサイバーセキュリティ技術の研究開発成果の普及促進に向けて注力。

このように、サイバーセキュリティに関して、日本中の意識が向上する環境をつくっていった。

離婚

総務大臣として忙しく働き、成果も挙げていったなか、平成二十九年七月十九日、高市は山本拓《たく》との離婚を決めた。

二人はなぜ別れなくてはならなかったのか――。

切り出したのは山本だった。彼は安倍総理と距離がある。そんな自分の存在が〝政治家・高市早苗〟の将来にとってマイナスになる可能性を感じた。

高市が党政調会長、総務大臣と要職を歴任するなか、山本は平成二十三年に清和会を退会。平成二十六年に二階派に参加した。

高市と安倍総理は政治信条が近い。信頼関係は固く、公の場以外では「安倍ちゃん」と呼ぶほどの仲だった。一方、山本は福田康夫に近い。すでに述べたように平成二十四年の総選挙では高市は安倍を、山本は石破茂を支援していた。

「安倍さんが私に対して良い印象を持っていないとは耳にしていたので、籍を外したほうが高市が働きやすいと判断しました」

山本の離婚の申し出を高市は承諾する。高市のほうも、籍を抜けば山本が働きやすいと感じた。

しかし、けっしてクールに判断したわけではない。高市は苦しんだ。この時、「私ショックなんよ」とマスコミにも答えている。

「私のせい。私が至らなかった。主人は奔放な発言をするタイプなのに、言いたいことが言えない。それは私が閣内にいるから。その辛《つら》さに気付いたのはつい最近でした」

二人は赤坂の議員宿舎で暮らしていたが、籍を抜き、高市は同じフロアの空き部屋に越した。

「食事はどうしたらいい？」

高市は聞いた。

「これまでどおり僕が受け持つよ」

山本は快く応じた。

離婚後も、多忙ななか、週に一度は山本が高市の食事をつくっている。高市は料理が不《ふ》得手《えて》で、夕食をカップ麺やコンビニ弁当ですませることも多い。そして、深夜まで仕事を続ける。見る見る顔色が悪くなる元妻を山本は放っておけなかった。

サイバーセキュリティ

高市は、平成二十九年十月の衆院選で八選。十一月に新設された自民党サイバーセキュリティ対策本部長に就任する。サイバーセキュリティ対策推進の司令塔として人材育成、各自治体や民間事業者との連携強化、都民や企業に対する各種セミナーやイベントの開催、ＳＮＳを利用した情報発信などの対策を講じた。

平成三十年十月、衆議院議院運営委員長にも就任。このポストに女性が就任するのは、衆参両議院合わせて初めてだった。

そして令和元年九月、再び総務大臣に任命される。内閣府特命担当大臣（マイナンバー制度）も兼務した。

二年一カ月ぶりに戻った総務省には、新たな政策課題も多く、令和二年九月十六日の菅《すが》義偉《よしひで》内閣発足から退任までの間、全力で職務に取り組むことになる。

総務大臣再任直前まで務めていた自由民主党サイバーセキュリティ対策本部長として取り纏《まと》めた多くの提言についても、総務省関連の施策については、一つでも多く実現するべく力を注いだ。

総務大臣再任後は、総務省が所管する分野の中ですでに対策が進んでいた電気通信の取り組みを参考に、放送、電波の分野においても、サイバーセキュリティ対策を強化した。

平成二十九年十月の衆議院選挙では、政見放送でサイバー攻撃の深刻な状況に触れ、街頭演説でもサイバー攻撃対策と防災対策の強化を主要公約として訴え続けた。しかし、サイバー攻撃について熱く語っても聞く側の関心は低い状況だった。

ここでも、安倍が力になる。衆議院選挙直後に自民党本部に総裁直轄《ちょっかつ》機関としてサイバーセキュリティ対策本部を新設。本部長として、高市を二期務めさせる。

令和三年五月七日にアメリカの石油パイプライン企業がランサムウェアによるサイバー攻撃を受け、パイプラインの輸送業務を停止。パイプラインの操業再開は六日後だったが、サプライチェーンの正常化にはさらに数日かかった。

日本では、五月に富士通の情報共有ツールへの不正アクセスにより、顧客情報が流出。富士通は同ツールの運用を停止した旨《むね》発表した。同時期には、政府機関や重要インフラ事業者を含む複数の機関で情報漏洩《ろうえい》があったことも発表された。

NICTの観測データから、国外の送信元から日本国内に向けたサイバー攻撃の一年間のパケット数を日割り平均すると、前回の選挙年だった平成二十九年は一日平均約三億九千万回。翌平成三十年は、一日平均が約五億二千万回に増えた。令和二年には一日平均約十三億六千六百万回にまで激増。

国民の生命と財産を守るために、医療、航空、鉄道、自動車、電力、ガス、水道、金融、クレジットなどへのサイバー防御体制をつくり、対策を強化することが喫緊《きっきん》の課題だ。

サイバーセキュリティに関する高市の仕事は先手をうったことになる。しかし、サイバー攻撃の手口は日に日に巧妙になっている。セキュリティ環境がなかなか追いつかないのが現実だ。

たびたび衝突した安倍と高市

総務大臣を務めていた間も、高市は安倍総理とたびたび衝突した。

平成二十九年一月二十日、アメリカでドナルド・トランプ政権が誕生。トランプ大統領はＴＰＰ脱退の方針を発表する。

ＴＰＰへの対応が官邸の会議で話題に上った際に、高市は次のように言った。

「アメリカ抜きのＴＰＰイレブンにすればいいじゃないですか。どうせ日本はレイトカマー（あとから加盟）でリーダーシップを取れなかったのですから、チャンスです。経済規模を考えたら、日本がＴＰＰのリーダーになれます」

しかし、日米関係を最重視していた安倍は、不快感をあらわにした。

菅義偉官房長官がネガティヴな空気を察知。すぐに安倍と高市の間に入った。

「いまの話は無かったことに」

もめないうちに菅が引き取り、会議は終わった。しかし、その日からしばらく、安倍と高市は会議ですれ違っても、口もきかず目も合わせない状態が続いた。

新型コロナウイルス感染拡大の時期にも、安倍と高市は衝突した。

令和二年、コロナが蔓延《まんえん》しはじめると、安倍は定額給付金を配ることを総務省に指示。当初官邸が策定したのは、所得が減少した世帯だけに三十万円を給付するプランだった。しかし、コロナ禍前年の所得からの減少額を正確に把握することは困難。自己申告による数字を精査して振り込むという煩雑《はんざつ》な作業を地方自治体に依頼すると負担は大き過ぎ、給付も遅くなる。

高市は官邸の安倍に談判《だんぱん》に行った。

「一人一律十万円というシンプルな制度にしていただけないでしょうか」

その意見に安倍総理は激怒。

「一度決めたことは変更できない」

公明党や二階俊博幹事長の意見もあり、最終的には方針を変更。対象者一人につき一律十万円の給付に着地した。しかし、安倍と高市の険悪な関係はしばらく続いた。

安倍と高市は、目指す国家像、大局的な考えは一致していた。しかし、現実的な議論ではたびたび衝突している。

令和二年九月十六日、安倍の体調不良による辞任により内閣は総辞職、菅義偉内閣発足に伴い、高市は総務大臣を退任した。

「NHK受信料引き下げと携帯電話料金の改革を完遂《かんすい》したかった」

高市は後任大臣となる武田良太との引き継ぎ式で語った。

高市は相変わらず無派閥。党内のどのグループにも属していないため、政策について日常的に意見を交換する仲間がいない。そこで安倍は、中堅若手の議員たちと勉強する機会ができるように、自分も顧問を務める保守団結の会の顧問に高市を推薦してくれた。

「それなら私が出たるわ」

令和三年二月、高市は、議員会館の安倍を訪れた。

「お元気そうじゃないですか。もう一度、安倍内閣を作りましょうよ」

前年の令和二年八月に体調悪化を理由に七年八カ月務めた総理大臣の辞任を表明した安倍だが、退任後は回復しているように見える。その様子から高市は再々登板を期待した。

しかし、安倍の返事は芳《かんば》しいものではなかった。

「昨年辞めたばかりで、総裁選に出られるわけがないだろう。今は菅さん（菅義偉）が頑張ってくれている。秋の総裁選は何があっても菅さんの再選を応援するよ」

任期途中での安倍の退任表明で急遽《きゅうきょ》行われた総裁選では、第二次安倍政権で官房長官を務めた菅義偉が岸田文雄と石破茂を破って総理総裁の座を射止めていた。

しかし、高市は諦《あきら》めなかった。

「世の中、何が起きるかわかりません。政策だけでも作っておきましょう」

政界の一寸先は闇。高市は、不測の事態に備え、翌週から週一回、議員会館の安倍の部屋に講師をともなって顔を出した。安倍と高市は講師を交え、一時間半ほどの勉強会を定期的に開催していく。

高市は積極的だったが、安倍の秘書に聞いたところ、安倍はこの勉強会に乗り気ではなく、むしろ迷惑がっていたという。

しかし、高市は諦めない。安倍の再々登板に一縷《いちる》の望みを持ち、勉強会を続けた。

勉強会には、第二次安倍政権で内閣広報官や総理補佐官を務めた経済産業省出身の長谷川榮一が力を貸してくれた。長谷川は講師の人選だけでなく、記録係も帯同してくれて、勉強会の議事録作成にも協力した。

講師には、ハーバード大学経営大学院の竹内弘高《ひろたか》教授、ファナック株式会社の山口賢治社長をはじめ多くの有識者や経営者が講師として参加してくれた。

高市はその議事録を元に政策を磨き上げる。もし安倍の気が変わり総裁選に出馬することになれば、安倍政権の新しい指針となる政策集を作れると考えた。

菅政権は発足当初は高い支持率を誇っていた。しかし、新型コロナウイルスの蔓延、令和三年四月の衆参補欠選挙の敗北もあり、令和三年七月末には支持率が低迷し始める。会見に臨む表情も精彩を欠き、心労を重ねていることが傍目《はため》にもわかった。

総裁選を二カ月後に控えた時期、高市は再び安倍に総裁選の出馬を求めた。

「菅総理は相当弱られています。安倍総理、もう一度出ませんか?」

しかし、安倍の反応に変わりはない。

「そんなことできるわけがない」

勉強会をベースにした政策集の準備が進んでいることも伝えた。

「二月からやってる勉強会を活かした政策集やご著書なら、すぐにでも出せます」

それでも安倍はつれない。

「著書なら高市さんの名前で出せばいい。私は菅さんを応援すると決めている。そんなに言うなら、高市さん自身が総裁選に出ればいい」

安倍の決心は変わらない。その後は口論になってしまう。

九月二日にネット番組に出演した際、高市は安倍前総理に出馬を説得し断られたことを打ち明けた。

「それなら私が出たるわ」

売り言葉に買い言葉で、啖呵《たんか》を切った。

政策集は令和三年九月十五日に高市早苗著で『美しく、強く、成長する国へ。―私の「日本経済強靭化《きょうじんか》計画」』というタイトルになり出版されている。全九章におよぶこの政策集では、サイバーセキュリティ、原子力発電や核融合を含むエネルギー政策、中国への技術流出を防ぐための法整備などに言及し、憲法改正の必要性についても訴えている。

いざ、総裁選へ

安倍を翻意《ほんい》させることが難しいと判断した高市は、自らが総裁選に出馬することを決意。令和三年八月十日発売の月刊誌『文藝春秋』の二〇二一年九月号に「総裁選に出馬します！」と題した手記を発表した。

手記では、総裁選を実施し、衆院選に向けて自民党員に活力を取り戻してもらうことの大切さや危機管理投資や成長投資への必要性、のちに自らが大臣として取り組むことになる経済安全保障の重要性や中国への技術流出の危険性などをつづった。

この時点で、安倍からの応援はまったく見込めなかった。安倍は高市に言ったように、現職の菅の再選を支持する姿勢を崩していない。

高市が手記を発表した八月上旬の時点では、支持率が低下しているとはいえ、前年の総裁選で圧勝した菅の再選が有力視されていた。

コロナ禍によって一年延期になった2020東京オリンピック・パラリンピックが控えていたこともあり、前年に菅と総裁の座を争った岸田も石破もこの時点では総裁選への対応を明言しておらず、菅の再選を支持する二階俊博幹事長ら党執行部は無投票再選の可能性をうかがっていた。

高市は勝ち目があると思っての出馬ではない。自分が出馬することで総裁選を実施させ、菅が圧勝で再選され、自信を持って強い総理大臣になってほしかった。

「誰かが立候補して活発な総裁選にしなくてはいけません。前年の総裁選では安倍総理が任期途中で辞任したことで、菅総理は国会議員等による投票で選出されました。全党員が投票できる正式な総裁選で総理総裁になったわけではありません。全国の自民党員による総裁選で菅総裁が再選されれば、全国の自民党員が自分たちの選んだ総裁を支える意識になる。衆議院議員の任期も迫っていたので、自民党の政策を国民の皆様にアピールする機会になり、内閣が再浮上するチャンスにもなると思っていました。そのためならば、私は捨て駒でいい。その覚悟でした」

そんな高市が出馬を表明した直後、支援のために集まってくれた議員は二十数名ほどだった。派閥とは関係なく、自らの信念で高市を支持すると公言してくれる議員ばかり。高市が顧問を務める保守団結の会に所属する議員が多かった。

この時点ではうねりを起こせるとは思っていなかった。しかし、その後、総裁選を巡って、事態は大きく変化していく。

支持率の低下に苦しんでいた菅政権に追い打ちをかけたのは、八月二十二日投開票の横浜市長選だった。菅政権で国家公安委員長を務めた小此木《おこのぎ》八郎が衆院議員を辞職してまで挑んだが、立憲民主党が推す山中竹春の前に敗北する。衆議院の任期満了が迫るなか、現職総理のおひざ元での敗戦に自民党内に動揺が広がった。

八月二十六日、自民党は菅総理の総裁任期満了にともなう総裁選の日程を九月十七日告示、二十九日投開票と決めた。

この日、岸田文雄が国会内で記者会見を開き、総裁選への出馬を表明。

「自民党が国民の声を聞き、幅広い選択肢を示すことができる政党であることを示し、我が国の民主主義を守るために総裁選に立候補します」

さらに党改革の重要性に触れ、次のように発言した。

「党役員の任期を明確化するべき。総裁を除く党役員は一期一年、連続三期までとし、権力の集中と惰性《だせい》を防いでいきたい」

岸田が標的にしたのは、菅政権を支え再選に動いている二階俊博幹事長。二階は第二次安倍政権時代から幹事長職を五年以上も務めていた。そのため、党内には交代を求める声も多い。岸田の二階斬り発言にもっとも衝撃を受け、動揺したのは菅総理だった。

八月三十日午後三時三十一分、菅総理は官邸に二階幹事長を招いて会談する。総裁選前に解散総選挙をするべきか悩んでいること、その場合は人心一新し党人事も内閣改造もやったほうがいいことを伝えている。

菅は今後の政権運営に相当悩み、執行部を変えることで岸田の批判を回避しようと試みたのだ。この日の夜、幹事長の交代と党役員人事の実施が報じられる。

「二階幹事長　交代へ」

翌三十一日の朝刊各紙にはこの見出しが立った。

三十一日の夜には、菅総理が九月中旬に衆議院を解散。総裁選を先送りする情報が永田町を駆け巡る。この解散情報に、自民党内から強い反発があった。

菅はあわてた。九月一日の朝、自らぶら下がり取材に応じ、衆院解散と総裁選の先送りを懸命に打ち消している。菅は総理大臣の伝家の宝刀、解散権を自ら封じてしまったのだ。

菅は党役員人事も断念。九月三日午前十一時半過ぎ、自民党本部で開かれた臨時役員会で総裁選への不出馬を表明、再選を諦めた。

安倍・高市共闘

現職の菅義偉総理の再選断念で、総裁選を巡る状況は大きく変わる。菅の不出馬表明で、安倍前総理が高市支援にまわったことが高市陣営にとっては大きな収穫だった。

安倍は菅が不出馬を表明した九月三日、自分の出身派閥で党内最大派閥、細田派（清和会）の幹部に高市支援を伝えた。理由は「信条的に近い」こと。

さらに安倍は、閣僚経験者に、高市に細田派から推薦人を出させる考えも伝えている。

この日以降、安倍は高市支持拡大に向けて動き始める。

九月七日夜、高市は渋谷区富ヶ谷にある安倍の自宅を訪ねた。その席で、安倍は高市に総裁選出馬に当たっての根回しや政策の打ち出し方などを指導した。高市に近い議員を活用することもアドバイスする。

「安倍総理が私を支持してくださる本当の理由はわかりません。ただ、日本初の女性総理が出なくてはいけない、とはおっしゃっていました。安倍総理も私が勝てると思っている感じではなかったし、私も総裁選初挑戦で勝つのは困難だとは理解していた。出ると言った以上は正々堂々と戦おうとは心に誓っていました」

そう話す高市は令和三年八月上旬、九月に総裁選が迫るなか松下政経塾の三期先輩、山田宏参議院議員の元を訪ねた。

「先輩、私、来月の総裁選に出る。応援してください」

しかし、この時点では現職の菅総理の再選が有力視されていた。安倍前総理も菅の再選支持を公言していた。安倍派に所属する山田は、いくら親しい後輩の頼みでもすぐに首を縦に振るわけにはいかない。

「僕は安倍派。安倍さんの承諾なしに応援はできない」

高市は諦めない。

「安倍総理は承諾すると思う」

「安倍さんが許せば支持するよ」

そして、高市の願うとおりに状況は展開していく。

山田宏は、昭和六十年七月の東京都議会議員選挙に新自由クラブ公認で出馬し初当選。新自由クラブの解散後は自民党に合流。都議を二期務め、自民党を離党。その後は日本新党、日本創新党党首、日本維新の会、次世代の党で当落を体験した。平成二十八年、安倍晋三からの声掛けで自民党から比例区に立候補し、十二番目の得票数で当選。令和元年七月の参院選でも再選され二期目。安倍派（清和政策研究会）に所属していた。

九月三日に菅総理が再選を断念すると、高市は安倍の支持を取り付け、山田の応援も得ることになった。

青山繁晴が推薦人に

この時、高市の推薦人となった一人が青山繁晴《しげはる》。しかし、実は青山は自分も出馬を考えていた。菅が不出馬を表明したときに、青山は安倍の理解を得ようとしている。

「私は総裁選に出ます」

青山は出馬の意思を示し、総裁選に臨む思いを熱く語った。すると、安倍は表情も変えずに言った。

「今回は岸田さんだよ。俺が右だったから、振り子で次は左の岸田だ」

「安倍さんは国際社会に出たら、中庸《ちゅうよう》じゃないですか」

「日本では右なんだ。次は岸田に決まってるよ。だから、今回は高市さんを応援してやってくれないか」

安倍は穏やかに諭《さと》したという。安倍は菅が不出馬を表明したのち、高市の支援にまわり活発に動いていた。

青山は安倍に問うた。

「今回が岸田さんならば、なぜ、安倍さんは高市さんをそんなに推すんですか？」

このとき、安倍はおそらく本心を語った。

「今回は岸田が総理総裁になる。ただ、宏池会には問題がある。あの取り巻きたちが官邸に入ったらとんでもないことになる。高市を彼らの制止役として送り込むんだよ」

「それは無理がありませんか。いち閣僚で官邸を押さえることはできません。高市さんは総裁選で安倍さんの支援を得れば、勝てなくても、いいところまで行って大臣にはなるでしょう。しかし、官房長官にはならないでしょう。高市さんは実力派ですが、官邸の抑え役を求めるのは力不足ではありませんか」

しかし、安倍の気持ちは変わらなかった。

「青山さんが今回の総裁選に出るのはもったいないよ。出馬は我慢して、高市さんの推薦人になってくれないかな」

その後、青山が参議院議員会館の自室にいると、高市から連絡があった。安倍からのアドバイスで、高市は青山に推薦人を依頼するのだと思った。ところが、高市はもっと生々しいことを提案しに来たのだった。

「私が総理になったら、青山さんに経済安保担当大臣を引き受けていただきたい」

高市の単刀直入すぎる論功行賞の話に青山はのけぞりそうになった。

「高市さん、この日本をどうしていきたいか、という話ではないんですか」

そう対応するしかなかった。「僕をポストで釣るのはいかがなものですか」とたしなめる言葉を飲み込み、敬意を込めた対応をした。

結局、青山は九月五日の夜明け頃に自らの出馬を断念。高市の推薦人になる。まず世耕《せこう》弘成《ひろしげ》参院幹事長に筋を通して高市に連絡をした。

「推薦人をお引き受けします」

そう言うと、高市は少女のように喜んだ。

「やったあー！　これで流れが変わるわあ」

青山は自身が総裁選への出馬を考えていたことを伝えると、高市はまったく知らなかったらしく、電話口で仰天《ぎょうてん》した。

青山は安倍にも電話で報告した。

「大きいよ、これは大きいよ」

安倍は青山が推薦人になることが党員の主権者へのアピールになると判断し、喜びをあらわにした。

第五章

安倍イズム、継承

派閥の垣根を超えた連合軍

九月八日の夕方、高市は議員会館内で記者会見を行い、総裁選への出馬を正式に表明した。最初に挙げた政策は、アベノミクスを継承し発展させる「サナエノミクス」だった。アベノミクスと同様、金融緩和や機動的な財政出動などの〝三本の矢〟を示して強調した。

「日本経済強靱化《きょうじんか》計画で経済を立て直し、成長軌道に乗せていく」

安倍政権が目標とした物価上昇率二％に届くまでは、プライマリーバランス（国と地方の基礎的財政収支）の黒字化目標を凍結すると主張した。

さらに、安倍の持論である敵基地攻撃の能力保有についても法整備の必要性を語った。

「サイバー反撃や電磁波攻撃も含めて敵基地を無力化することを早くできた国が自分の国を守れる」

ロックダウン（都市封鎖）を可能にする法整備の検討、環境エネルギー省や情報通信省の創設、中国への先端技術や情報流出を防ぐための経済安全保障包括法制定に言及した。新憲法制定や首相就任後の靖國神社参拝にも意欲を示し、安倍カラーをにじませた。

九月十七日に告示された自民党総裁選には初挑戦となる高市と野田聖子のほかに、二度目の挑戦となる岸田文雄と河野太郎が出馬した。

高市陣営は、推薦人代表が細田派の西村康稔《やすとし》。選挙責任者が無派閥の古屋圭司。推薦人は、細田派の馳浩《はせひろし》、髙鳥《たかとり》修一、佐々木紀《はじめ》、山谷《やまたに》えり子、山田宏、佐藤啓《けい》、二階派の山口壯《つよし》、小林鷹之《たかゆき》、小林茂樹、衛藤晟一《えとうせいいち》、片山さつき、竹下派の木原稔、小野田紀美《おのだきみ》、無派閥の江藤拓《たく》、城内実《きうちみのる》、黄川田仁志《きかわだひとし》、石川昭政《あきまさ》、青山繁晴《しげはる》が名を連ねた。

二階派（志帥会《しすいかい》）に所属していた山本拓《たく》も、高市を必死に応援した。

「二階会長に高市を応援することを伝えました」

山本は平成二十四年に清和会を退会。その後しばらくは無派閥だったが、のちに志帥会に参加。その派閥トップの二階俊博に仁義を切っての応援だった。

高市は無派閥。推薦人は派閥の垣根を超えた連合軍になった。

令和三年九月十日、自民党総裁選に出馬表明した高市早苗は、日本テレビ系『スッキリ』にスタジオ出演。憧れる政治家はイギリス初の女性首相で〝鉄の女〟と言われるマーガレット・サッチャーだとアナウンスした。

高市は今もサッチャーを強く意識している。

「サッチャーは落選中に結婚されました。その点は私と同じです。人からどう思われようと、自らの信念に従って政治を行うスタイルは尊敬しています。私も国のためになると思ったことは恐れずに言うようにしています」

総裁選の直前に、高市はコロナワクチンを打った。大勢の人と接するため、感染させること、感染すること、どちらも避けなくてはならない。ところがワクチンの副反応が酷《ひど》く、多くの時間、議員宿舎で動けずにいた。全身の関節痛でまともに歩けない状態だった。

討論会には一日に三錠しか飲めない強い鎮痛剤を二十錠も飲んで臨んだ。腸が荒れ、座っているだけでお尻から出血した。それでも外に出れば、カメラに追われる。力強く歩かなければならない。鎮痛剤を飲んで頭がぼーっとして司会者の言っていることが理解できないこともある。そのために自分の考えを一方的に話し反省した。

高市を支援している安倍すら高市がベッドでうめいていることを知らなかった。心配性の安倍には打ち明けられなかったのだ。

髙鳥修一から見た高市早苗

衆議院議員の髙鳥修一は、高市に期待している一人だ。総裁選でも高市の推薦人の一人に名を連ねた。

令和二年六月に高鳥は、城内実衆院議員、赤池誠章《あかいけまさあき》参院議員などとともに新議員連盟「保守団結の会」を立ち上げた。伝統的な家族観を重視する自民党議員が集まり、皇室の尊厳と皇統の護持、靖國神社参拝、憲法改正、新自由主義的経済政策との決別などを政綱に掲げる議員連盟だ。高鳥は、城内と赤池とともに会長兼代表世話人に就任する。

彼らはかつて稲田朋美を会長に結成された保守系議員の議員連盟「伝統と創造の会」に所属していた。しかし路線の違いで脱会。新たな議員連盟を立ち上げた。保守団結の会は現在約六十人の国会議員が所属する組織に成長している。

会を結成した令和二年十二月、高鳥は安倍晋三の元を訪れ、顧問就任を要請した。安倍の総理辞任後で、顧問を頼みやすくなっていたからだ。

安倍は快諾。そして、高鳥に提案した。

「僕だけではなく、高市さんにも顧問になってもらったらいいんじゃないかな」

それまでは高鳥は高市とはとくに接点はなかった。しかし、ほかならぬ安倍のリクエスト。断る理由も見つからない。さっそくアポイントをとり、議員会館の高市の部屋を訪れた。

高市は驚いた様子だったが、快諾する。

「私でよければぜひ参加します」

さらに高鳥の推薦で古屋圭司にも依頼。顧問は三人体制となった。安倍は死去した後も永久顧問として会に名前を残している。

「高市は勉強家だけど、友達が少ない。仲よくしてあげてほしい」

安倍は高鳥に言った。

自民党で総裁選を戦うには仲間の応援が必要となる。多ければ多いほどいい。安倍は仲間が少ないことが高市のウイークポイントだと危惧《きぐ》していたのだろう。

その翌年の令和三年九月、自民党総裁選が行われた。

その一カ月前、八月から高鳥は高市に相談されていた。

「総裁選に出たいので応援していただけませんか」

高鳥は安倍に相談する。しかし、安倍の反応は芳《かんば》しくない。

「私の任期を引き継いでいる菅さんを応援しないわけにはいかない。僕は高市さんの応援はできないよ」

義理固い安倍はこの時点では現職の菅義偉の再選支持だったのだ。

しかし、周知のとおり、八月の後半に風向きが変わった。菅は横浜市長選での敗北もあり、出馬に消極的な態度を見せ始めたのだ。

八月三十日、髙島は再び安倍と面会する。

「髙島さんは高市さんを応援してはどうだろう。髙島さんが動けば、私の気持ちもみんなに伝わるから」

髙島ははっとした。

「安倍さんの本心は、高市さん推しだな」

髙島は察した。そのやり取りを高市にも伝え、メディアの前で高市支持をアナウンスした。そしてすぐに高市支援の動きを見せる。日頃から親交のある議員たちに声を掛け、十二人もの議員が高市の推薦人に名を連ねることになる。

高市自身も十人ほどの推薦人を集めた。メディアで弱小候補扱いされていたものの、高市の印象は強くなった。

その後、現職の菅が不出馬を表明。さらに総裁選の流れが変わる。安倍が高市の支援を公言。積極的に動きだしたのだ。

安倍が声を掛けた議員たちも名を連ねることになり、高市の推薦人は増えていく。髙島は自分が集めた十二人を代表する形で推薦人となった。

「非常にいい流れになりました。高市さんはメディアでしゃべらせたら抜群。他の候補者を抑える政策力を持っていますから」

山田宏はそう振り返る。この総裁選で安倍前総理は高市の応援に力を入れた。

「安倍さんは電話魔なんですよ。多くの国会議員を集めたのも安倍さんの力だし、党員票も、県会議員や市会議員、町会議員、各団体、歯科医師会など全部自分で電話して支持を呼び掛けていました」

安倍の支援で議員票二位

令和三年九月二十九日午後、自民党総裁選の投開票がグランドプリンスホテル新高輪《しんたかなわ》で行われた。

総裁選には岸田文雄前政調会長、河野太郎行政改革担当大臣、高市早苗前総務大臣、野田聖子幹事長代行の四人が立候補。三百八十二人の国会議員票各一票と党員・党友票三百八十二票の計七百六十四票で争われた。一回目の投票では、一位の岸田文雄が議員票百四十六票、党員票百十票で合計二百五十六票、二位の河野太郎が議員票八十六票、党員票百六十九票で合計二百五十五票、三位の高市早苗が議員票百十四票、党員票七十四票で合計百八十八票、四位の野田聖子が議員票三十四票、党員票二十九票で合計六十三票であった。

過半数を獲得する候補者がいなかったため、一位の岸田と二位の河野による決選投票が行われ、その結果、議員票二百四十九票、党員票八票で合計二百五十七票を獲得した岸田が、議員票百三十一票、党員票三十九票で合計百七十票を獲得した河野を破り、第二十七代自民党総裁に就任した。

その日、首班指名選挙の衆議院における投票では、高市早苗に二票が投じられた。高市の名前が読み上げられ、議場内にどよめきが起こった。

「誰が入れたんだよ！」

野次《やじ》が飛んだ。

高市本人は岸田に投票している。後にそのうちの一票は丸山穂高《ほだか》議員だとわかった。

総裁選後、髙島修一が高市に声を掛けた。

「力足らずで申し訳ありません」

高市が笑顔で応じた。

「おかげで議員票では二番になれました」

髙島は選挙区への帰路、北陸新幹線の車中で涙が止まらなかった。自分でも不思議なほど感情が溢《あふ》れた。髙島は本気で勝つつもりだったのだ。

髙鳥が感じた高市のウイークポイントはやはり仲間づくり。政策に集中して陣営の議員たちとのコミュニケーションがおろそかになり、安倍にたしなめられる場面もあった。

総裁選後、高市が安倍派に復帰するという話もあったが、結局は実現していない。

「安倍さんは高市さんを連れていこうと思ったようです。でも、安倍派の議員たちはノーでした。高市さんは安倍さんの二度目の総裁選の時に派閥を出ましたから。安倍さんもゴリ押しはせず、時期を待つことにしたのでしょう」

そう、山田が話している。

高市は総裁選後、支援してくれた議員たちの前で挨拶に立った。

「結果は重く受け止めます。党員票が足りなかったのは私の不徳の致すところです」

さらに岸田新総裁の下《もと》での結束を呼び掛けた。

「総裁選ではおたがいの政策のいいところを取り込もうと約束しました。私たちの声も反映されると思っています」

高市の話を安倍が引き継いだ。

「高市さんを通じて、自民党がどうあるべきかを訴えることができました。はがれかかっていた多くの自民党支持者が自民党の元に戻ってきてくれたのではないでしょうか」

安倍はさらに高市の主張について語り、迫る衆院選に向けて気勢をあげた。

「確固たる国家観を示しました。高市さん、私たちのグループの主張は、他の候補にも影響を与えることができたと思います。また一体となって、次の衆議院選挙、今度は岸田新総裁のもとに、ともに勝ち抜いていこうではありませんか」

高市が振り返る。

「票読みは自分の衆議院選挙でもしたことがないのでわかりません。ただ、最初に選対らしき有志グループで集まった時には安倍総理は入っておられませんでした。必要な推薦人を少しだけ上回る二十数人からのスタートでした。安倍総理が支援してくださったことで議員票は伸びました。清和会のかなりのメンバーに声を掛けてくださいましたから。プラスアルファの国会議員票は安倍総理の力だと思います」

安倍は保守色の強い高市を支援し、自民党員や世論を巻き込み、総裁選を活性化させることも考えていたようだ。

「総裁選を通じてテレビ討論やネット討論がたくさんありました。私たちのような考え方を持っているチームが自民党にいるという発信はできたと思います」

高市は胸を張った。

十月一日、高市は岸田新総裁のもとで自民党の政務調査会長に就任。総裁選を争った河野は自民党広報本部長、野田は内閣府特命担当大臣（地方創生、少子化対策、男女共同参画）に起用された。

復縁

総裁選直後の令和三年十月三十一日、衆院選が行われた。

山本拓は比例名簿で下位だったこともあり落選。この衆院選後、山本と高市は復縁する。どちらの姓を名乗るかについてはじゃんけんで決めた。高市が勝ち、山本は高市姓になった。一度目の結婚では高市が山本姓を名乗っていた。

「彼女は心づかいが細やかで女性らしさを感じます」

山本によると、高市は亡くなった山本の母親をとても大切にしていたという。

「彼女の部屋には僕の母の写真があり、福井を訪れる度に墓参りをしてくれています」

安倍元総理は『文藝春秋』の令和四年二月号で高市について、次のように評している。

「この若手は伸びるかどうか?を私が判断する上で重視する最大のポイントは、〝胆力〟の有無です。胆力とは、李登輝《りとうき》やチャーチルのように、ここ一番で底力を発揮できる能力のこと。先の総裁選で私が推した高市さんは、真面目で勉強熱心な上、胆力もあります。有力な総理候補として国民の皆様に認識していただいたと思います。

特にディベート能力の高さは多くの人たちが評価していました。ただ、いささか真面目過ぎて、何でも自分で引き受けてしまうところが玉に瑕《きず》。総裁選の時も、テレビに出演してアピールすべきなのに、部屋にこもって細かい政策を練っていたほどです。他人に任せるべきところは任せる、という思い切りができた時、彼女はさらなる飛躍ができるはずです」

令和五年三月、高市は、参議院の予算委員会で、かつて総務大臣時代に総務省の文書に関わったのではないかという問題でたびたび野党の攻撃に晒《さら》された。

高市は、自宅で夜中に自ら答弁書を書いた。明け方までかかった日もあったが、眠れる日は夜、電子ドラムを叩いてストレス解消に努めた。

「今でもストレスが溜まってくると、ディープ・パープルのバーンをヘッドフォンで聴きながら、議員宿舎にあるゴム製の電子ドラムを叩きまくって、ストレス解消をしています」

安倍晋三、逝去

令和四年七月八日午前十一時三十一分、大和西大寺《やまとさいだいじ》駅前で選挙応援演説中の安倍晋三が銃撃された。

そのニュースを高市は九州に応援に向かう出がけに知った。

安倍前総理と、亡くなる直前までやりとりをしていた。安倍が撃たれたのは参院選のさなか、高市の地元である奈良県だった。

「奈良は大丈夫ですから、他の地域に入ってください、と伝えていたのに……」

ところが、奈良県選挙区は自民党現職の佐藤啓が日本維新の会の新人の候補者に追い上げられ、急遽《きゅうきょ》安倍が入ることになったのだ。

当初、佐藤は優勢だった。しかし選挙戦に入ると、情勢が怪しくなってきた。高市は自民党本部の元宿仁《もとじゅくひとし》事務総長に連絡し、急遽世論調査を行った。その調査の結果では、まだ佐藤のリード。その結果を得て、高市は安倍に他の地域に入るように伝えたのだ。

安倍は長野に行こうとしたが、長野県選挙区で自民党の候補者にスキャンダルが発覚。前日の七日、奈良の応援に入ることが決まった――。

安倍晋三という大きな後ろ盾を失い、高市の喪失感はとてつもなく大きかった。政治家としてのポストだけではなく、あらゆるシーンで安倍は高市の心の支えであり続けた。そして、賛成のときも、そうでないときも、常に率直に意見をぶつけられるかけがえのない存在であり続けてくれた。

「安倍晋三元総理の御葬儀が終りました。先週金曜日の事件発生以来、殆《ほとん》ど眠れず、食事も吐いてしまい、両親を亡くした時にも経験しなかった心身衰弱状態でした。今日からは懸命に働かないと、安倍元総理に申し訳ない」

安倍の葬儀の後、高市はツイッター（現X）に投稿した。

「安倍元総理が他界されたという現実を受け入れるまでには大変な苦痛を伴いましたが、今後は、多くの同志議員と力を合わせて、安倍元総理の御意志を引き継ぎ、懸命に働くことで恩返しをしてまいります」

政治家としての決意表明ともいえるコメントだ。

「身はたとひ　武蔵《むさし》の野辺《のべ》に朽《く》ちぬとも　留め置かまし大和魂《やまとだましい》」

山口県を選挙区とする安倍が敬愛していた吉田松陰《しょういん》の辞世《じせい》の句である。

安倍の一周忌のときに、高市はこの句を詠《よ》んだ。そして命日である七月八日、自分の選挙区であり、安倍が斃《たお》れた奈良で留魂碑《りゅうこんひ》を建立《こんりゅう》した。

「日本人として日本を思う心、安倍元総理のその魂というのは、まだこの世にとどまっているんだろうなと思います」

高市は記者会見で語っている。

セキュリティ・クリアランス制度

令和四年八月十日に行われた内閣改造で、高市は経済安全保障、知的財産戦略、科学技術政策、宇宙政策等を担当する内閣府特命担当大臣として入閣した。

経済安全保障担当大臣として力を入れたのが、国が保有する重要情報を扱う資格者を国が認証する経済・技術版の「セキュリティ・クリアランス（適格性評価）制度」の創設だった。これは安全保障上の機微《きび》な情報にアクセスできる人間を政府が認証して付与する資格。認証審査で対象者の経歴や人間関係などバックグラウンドを調べ敵対国とのつながりの有無など情報流出リスクを審査。機密保護に有効な手法と位置付けられている。

日本以外のG7各国はこの制度をすでに導入。アメリカは一九九〇年代に導入し、国家安全保障に関わる重要な情報をTOP SECRET（機密）、SECRET（極秘）、CONFIDENTIAL（秘）に分類し、それぞれにアクセスできる人間を認証している。

アメリカでは、二〇一九年十月の時点で適性評価の資格保有者は約四百二十四万人にも上り、原則として国防総省傘下の専門組織の職員約三千三百人が一元的に調査を担《にな》っている。

日本は平成二十五年に防衛や外交分野の公務員などを対象に、安全保障に関わる機密情報を漏《も》らした場合に厳罰を科す特定秘密保護法が策定された。特定秘密保護法の対象は、防衛、外交、スパイ防止、テロ防止の四分野に限定され、経済や技術については対象外だった。適性評価で調べられているのは政府職員が大半。令和三年の年末時点で適格者とされたのは計十三万四千二百九十七人で、このうち民間人は三％未満の三千四百四十四人だ。

高市が経済安全保障担当大臣に就任する前の令和四年五月十一日、経済安全保障推進法案が成立した。この法案は、「特定重要物資を安定的に確保するサプライチェーン（原材料調達から製品配送まで生産フロー全体の管理）の強化」「サイバー攻撃に備えた基幹インフラ設備の事前審査」「先端技術の官民協力」「機微な技術の特許出願非公開」の四本柱で構成。アメリカと中国の覇権競争を意識して、国民生活や社会経済活動に大きな影響のある「特定重要物資」の安定供給を目指し、サイバー攻撃への備えや先端技術の流出防止のため制定された。しかし、セキュリティ・クリアランス制度については盛り込まれなかった。

自民党は、当初、経済安全保障推進法にセキュリティ・クリアランス制度を盛り込む方向だったが、官邸内部に強い慎重論があり、導入が見送られることになった。

適性評価の身辺調査は、借金の有無や飲酒癖、家族の国籍などプライベートな内容も検討されることもあり、制度設計が難しい。野党からの反発も予想された。

高市は八月十日の閣僚就任会見で経済安全保障版セキュリティ・クリアランス制度の創設に意欲を示す。政調会長時代から、この制度が整備されていなければ、先端技術を巡る欧米との共同研究に支障を来《きた》すという意見だった。

その後、高市の熱心な働きかけもあり、セキュリティ・クリアランス制度の導入に向けて、少しずつ環境整備が進んでいく。法案の具体化のために、イギリスやアメリカの関係機関の人物にどのように運営されているのかを聞き、研究を重ねていった。

令和五年二月十四日、岸田文雄総理は関係閣僚で構成する経済安全保障推進会議を官邸で開き、セキュリティ・クリアランスの制度化に向けた有識者会議の設置を指示した。

「できるだけ速やかに進めたい。法整備でセキュリティ・クリアランスを確立するには、先進七カ国（G7）などの友好国、同志国との間で通用するものにならなければならない」

高市も記者会見で、制度化に向けた法案の提出時期について語った。

二月二十二日には、経済安全保障分野におけるセキュリティ・クリアランス制度等に関する有識者会議の初会合を開催。この会議は、官僚OB、専門家、経済界の関係者などが参加。国家安全保障局長や内閣特別顧問などを務めた北村滋《しげる》や、日本労働組合総連合会の冨田《とみた》珠代《たまよ》総合政策推進局総合局長も名を連ねる。情報の機密性に応じた資格のレベル分けや、資格審査の仕組みなどについての議論に着手した。

「昨年八月に大臣に就任し、すぐに法案づくりに取り掛かりたかったのですが、岸田総理から有識者会議を設置するという条件付きでゴーサインが出たのが今年の二月。有識者会議には連合の冨田さんにも参加していただき議論を進めました。特定秘密保護法案制定時には連合も反対しておられましたが、セキュリティ・クリアランスは、日本にビジネスチャンスや雇用を生み出す取り組み。連合にとって必ずしも悪い話ではないと考えていたので、連合の芳野《よしの》友子《ともこ》会長とも話し合い、有識者会議に協力していただきました」

このように高市は話している。

その後、有識者会議は月に二回ほどの頻度で計六回開催され、令和五年六月六日には中間論点整理の報告が発表された。

報告では、相手国から信頼される実効性のある制度を目指すことを強調。同盟国、アメリカの制度などを踏まえて検討すべきと提案。経済安全保障上重要な情報の指定については日本が真に守るべき、政府が保有する情報に限定するとの考え方を明記。特定秘密保護法の四分野と同様、あるいは準ずるものとした。

「経済制裁に関する分析関連情報や経済安全保障上の規制制度の審査関連情報、サイバー分野における脅威情報や防御策に係る情報、宇宙・サイバー分野などでの政府レベルの国際共同開発にもつながり得る重要技術情報なども念頭に、厳格に管理すべき経済安全保障上の情報の範囲について検討を深めるべき」との考えを示している。

令和六年の通常国会に法律案を提出する方向で進められていった。岸田総理も令和五年十月二十五日、参議院の代表質問で、セキュリティ・クリアランス制度に関して、通常国会での法案提出に向けて準備を進める考えを示している。

「十月十一日から有識者会議が再開されましたが、同時並行で法律案の作成も進めます。通常国会のスケジュールを考えると、予算関連以外の法案の締め切り、三月十五日までに自民党と公明党の事前審査を経て、了解をいただいた上で閣議決定をしなければいけません。国会に提出すれば、激しい議論はあるかもしれませんが、来年の六月までには成立することを願っています」

と高市は語り、セキュリティ・クリアランスの重要性や、制定に向けた意気込みについて次のように続けた。

「日本の経済力や技術力、情報力を強くするための取り組みです。ずっとデュアルユース分野の民間企業の方々がクリアランスを持っていないばかりに、多くの企業が外国の政府調達の入札説明会にも呼ばれない、民間企業同士の取引でも重要な技術情報が提供されない、クリアランス・ホルダー・オンリーとされる学会に日本人技術者が参加できず最新技術に触れられないなど、日本はビジネスチャンスを失ってきました。この現状は放置できません。岸田総理をはじめ多くの方を説得してきました。特定秘密保護法案とは異なるものですから、各党の反応はまだわかりません。でも、一つでも多くの政党に賛成していただきたい。担当大臣として丁寧に説明していきたいと思っています」

令和六年二月二十七日、岸田政権は、広く民間人も対象に経済安全保障上の重要情報を扱う人の身辺を事前に調べるセキュリティ・クリアランス制度導入の法案を閣議決定した。

新制度の旗を振ってきた高市早苗経済安保大臣は閣議後の会見で次のように強調している。

「同志国、友好国と同じ水準の制度を持つことで信頼を得れば、経済や科学技術に関する情報を政府間で交換できます。そういう環境を一刻も早くつくらなくてはいけません」

制度の推進にあたり、秘匿性《ひとくせい》の高い情報の漏洩《ろうえい》を防ぐ特定秘密保護法を整備した故安倍晋三元総理の名をしばしば引用。「私に対する安倍総理からの宿題」と語った。

法案では、電気や鉄道、通信などのインフラのほか、半導体や鉱物資源の供給網に関して国が保有する情報のうち、他国に流出すると安全保障に「支障」を及ぼすおそれがあるものを重要経済安保情報に指定し、漏洩に五年以下の拘禁刑《こうきんけい》などの罰則を定める。安全保障に「著《いちじる》しい支障」のおそれがあるものは平成二十四年施行の特定秘密保護法で指定する。

適性評価制度は、主に公務員を対象に平成二十四年に施行された特定秘密保護法で導入されている。防衛、外交、スパイ防止、テロ防止の四分野の情報が漏れないよう、秘密を守れる人物かどうかを調査。飲酒の節度や借金の状況などで「問題なし」とされれば、情報を扱う認証を与える。令和六年通常国会に提出した「重要経済安保情報の保護・活用に関する法案」では、この仕組みを経済分野に広げる。

その背景には、サイバーや人工知能（ＡＩ）など先端技術の開発が進み、民用と軍用の線引きが一段とあいまいになっていることがある。中国は平成二十七年に「軍民融合」を国家戦略に掲げ、先端技術への投資を急増させている。日本の技術が中国などに流出すれば軍事転用されるおそれが強まっている。高市の決意表明から一年九カ月を要したが、令和六年五月十日に悲願の法律は可決成立し、五月十七日に公布された。

閣内から外れるべきか否か

令和五年九月十三日、岸田総理は内閣改造を行った。

高市は経済安全保障、知的財産戦略、科学技術政策、宇宙政策を担当する内閣府特命担当大臣を続投。メディアの事前報道では高市が閣外に転出するという観測気球も多かった。

「人事は岸田総理がお決めになることです。もし交代になったら、次の大臣にこれまでの経緯を説明し、海外から集めた情報もすべて預け、机に額《ひたい》をこすりつけてでもセキュリティ・クリアランスの法制化をお願いしようと思っていました。内閣を離れるべきという意見もありましたが、この重要課題を投げ出したとは言われたくないので、総理に感謝して、お引き受けしました。ここまで来てやり遂げないと悔いが残りますから」

高市は、前回の総裁選で岸田、河野に継ぐ三位となったこともあり、初の女性総理として期待されつつある。世論調査でも一定の支持を得て、上位にランクされることも多い。

夫の山本は次のように語っている。

「彼女は総理になるならないではなく、政治家として何を実現したいかということを非常に大切にしています」

閣内から外れて令和六年九月の総裁選のためにサッカーのリベロのように自由に動くべき、という声もあった。

山本もどちらかと言えば、そのような考えだったという。

「岸田内閣から飛び出して全国行脚《あんぎゃ》したらどうか、と言っててました。本人が応援演説に行く場合は、どこでも人が集まっていたし、来てほしいという地方の支持者も多い。閣僚でいると、どうしても活動に制限があります。閣外から自分の政策を訴えるのも悪くないと話していました」

結局、高市は岸田総理からの留任要請を受け入れる。山本は言う。

「マスコミ報道で高市が外れるという話が載ったこともあって、外れた場合の段取りを相談していました。でも指名を受けました。経済安全保障担当大臣として、経済安全保障版セキュリティ・クリアランス制度の創設に取り組んでいる途中で退任するというのも心苦しいところがあったと思います。彼女は責任感が強いので」

高市は令和五年九月二十一日、奈良市内に建立された安倍晋三元総理の慰霊碑「留魂碑」を訪れ、安倍の遺志を引き継ぐ思いを新たにした。この日は亡くなった安倍の六十九回目の誕生日だった。安倍の留魂碑を前に、自身が顧問を務める保守団結の会のメンバーたちを前に語った。

「安倍元総理がやり残したことを含め、みんなで頑張ってやっていきたい」

高市早苗対中国

高市は令和五年九月二十五日、オーストリアのウィーンの本部で開催された国際原子力機関（ＩＡＥＡ）の年次総会に参加した。

この機関は、インターナショナル・アトミック・エナジー・エージェンシーの略称で、原子力の平和利用の促進や原子力の軍事転用を防止することを目的に設立された。現在では、百七十七カ国が加盟する国際機関で本部はウィーンにある。

高市が出席した総会は年に一回。話す内容は各国により異なり、一般討論演説は自由に話せるが、原子力の平和利用や、軍事転用の防止に関わる内容が多い。

高市が令和五年度総会で行った演説で一番重きを置いたのは、八月から始まった東京電力福島第一原発の建屋《たてや》内にある放射性物質を含む水について、トリチウム以外の放射性物質を安全基準を満たすまで浄化した、いわゆるアルプス処理水の海洋放出についてだった。

二年間にわたり、設備に至るまでＩＡＥＡのモニタリングを受けて、七月に包括報告書が提出された。

報告書は、岸田総理が直接ラファエル・グロッシー事務局長から渡されていた。日本のアルプス処理水に関する取り組みが国際的な安全基準に合致《がっち》しており、しかも、人と環境に対して、無視できるレベルの放射線の影響だということが明記されている。

高市は、参加している各国にＩＡＥＡの評価結果をＰＲしたかった。

さらに、放出を開始したあとも、放出終了までＩＡＥＡの職員が常駐し、モニタリングの結果がその都度迅速に公表され、安全性が確認されている。そのことも伝えたかった。

また、日本政府も外務省を中心に、海洋放出前から科学的な根拠に基づいて、世界各国に向けて発信。世界の多くの地域から日本の取り組みに対して理解を得ているということも高市は伝えたかった。

長旅だった。東京からウィーンの飛行場に着くまでに十八時間。ウクライナに侵攻中のロシアの上空は飛べない。フランクフルトまでは大迂回《おおうかい》しなくてはならなかった。フランクフルトで乗り換えてウィーンへ。片道トータルで二十一時間。一日目は飛行機の中で時差ボケにならないように眠らずに耐えた。ウィーンに着いた日は泥のように眠った。

年次総会の冒頭、グロッシー事務局長は処理水の放出を巡り今後も監視や評価活動を続ける方針を示した。

「ＩＡＥＡは独立した立場から状況の評価や分析活動を行っています。そのために現地に事務所も設け、作業による影響が出ないように最後まで関与します」

あからさまにネガティヴな反応をする国もあった。中国の国家原子力機構の劉敬《りゅうけい》副主任は、処理水を「核汚染水」と呼び、日本を強く非難した。

「日本は関係国の人々の強い反対をかえりみず海への放出計画を始め、国際社会の幅広い懸念を引き起こした」

メディアを通して高市と中国との応酬が話題となったことは記憶に新しい。もともと演説の順番があやふやだった。高市は、日本を出発する時点では、中国が日本よりも後にスピーチすると聞いていた。その場合、日本から攻撃的な態度をとることはないので、大事にはならない。だから、高市は、中国を名指しで批判する内容の原稿を準備はしていかなかった。ところが現地に入ると、中国が先にスピーチするという情報を耳にする。どちらが先か、開会直前までわからなかった。

結局中国が先にスピーチすることになる。その内容は日本を批判するひどいものだった。時間の経過とともに会場の人数は減っていき、高市は参加者が多いうちに反論する必要性に迫られた。グロッシー事務局長のスピーチが終わったら、この場で言い返さないとまずい。

まさかこのような事態になるとは……。想定外だったので、高市は岸田総理と、中国から批判があった場合に備えてのシミュレーションはしていない。

国際会議であるにもかかわらず、中国の代表者は英語ではなく中国語。なにかしらの意図を感じた。高市が英語に通訳された演説をインカムで聞くと〝ニュークリア・コンタミネイテッド・ウォーター〟（核汚染水）、日本の行動を〝インポライト〟（不作法）という単語を使い日本を批判している。このまま放置すると、関係国の強い反対があるにもかかわらず、日本が海洋放出に乗り出したという懐疑的な見方が国際社会に広まってしまう。

「中国はなぜ中国語でスピーチしているのでしょう？」

高市は、周囲に問うた。

中国語、フランス語、スペイン語は、英語に変換する通訳ブースがある。しかし、日本語には用意されていない。

高市はインカムで中国のスピーチを聞き、即時に反論を考えた。外務省の了解も取らなくてはいけない。引原毅《ひきはらたけし》在ウィーン国際機関日本政府代表部特命全権大使と中国に対する意見表明についてのポイントについて残された数秒で意見交換した。

その上で、高市は強めの言葉で反論した。

「IAEAのレビューで、日本の取り組みは科学的基準に照らして安全であるという結論が示されています。日本政府は科学的根拠に基づき、高い透明性をもって、国際社会に対して丁寧に説明しています。幅広い地域が日本の取り組みを理解し支持しています」

さらに明言した。

「IAEAの継続的な関与のもと、海洋放出の最後の一滴が終わるまで、安全性を確保し続けます」

そう宣言して、国際社会の理解と支持を求めた。

さらに、中国を強く批判した。

「IAEAに加盟しながら事実に基づかない発信や突出した輸入規制をとっているのは中国だけです」

アメリカをはじめ各国の代表と、高市は個別に会談。その後記者団の取材に応じ、放出について、国際社会の理解と支持を広げる努力を続けた。

会議を高市が振り返った。

「各国の代表と話し、いい感触でした。幅広い支持が得られている実感はありました。日本に対して批判的なスピーチをしたのは中国だけです。理解は広がっていると思います」

実際に、高市が英語で中国を強く批判したことについて、ＳＮＳをはじめ称賛する声は多かった。

処理水の放出以降、中国は日本の農水産物の輸入を禁止している。高市は中国と貿易する上でのカントリーリスク（日本企業が海外にビジネス展開する際に直面する、特定国や地域の経済的・政治的・社会的状況要因によるリスク）についても以前から警鐘《けいしょう》を鳴らしていた。中国に展開している日本企業の経営層に対しても、講演の場などで中国の反スパイ法や国家情報法などへの留意を呼び掛けてきた。

「中国からの輸入や中国への輸出に頼り過ぎず、貿易相手の多様化や中国以外の販路拡大に力を入れていく必要はあります。日本国内はもちろん海外でもさまざまなルートを開拓していかなければいけません」

高市はロシアがウクライナの原子力発電所の敷地内やその周辺で行っている危険な行為についても強い言葉で非難をした。ＩＡＥＡの職員がロシアの原子力発電所に常駐していることを評価していると伝えたかった。

そして、北朝鮮は原子力の軍事転用を積極的に行っている国なので、強く非難した。高市は総会でスピーチして、引原大使が主催するレセプションでもスピーチ、その後オーストリアの戦没者の慰霊碑に献花した。

岸田文雄に物申す

令和六年一月十六日、高市は岸田総理に万博の延期や縮小を求め波紋を広げた。

高市は隣接する奈良県選出。大阪万博を推進する議員連盟に加盟している。令和五年の年末までは万博の開催を奨励していた。

ところが、元日に能登半島地震が発生。事情が変わった。万博会場と被災地の両方に対応している大手建設会社から資材や人材不足のため万博延期を希望する声が届いた。配電盤や電線など資材が不足するなか、復興と万博開催は両立ができるのか。ドバイ万博のように一年延期し、資材や工事する人員を確保するべきではないか。

「自然災害をはじめさまざまなことが起きるなか、なにもかも総理がジャッジするのは大変だとは思います。それでも被災地の苦しみが少しでも軽減できるように、復興を優先していただきたかった」

高市は一月三十日の記者会見でこう発言している。

「総理からは、二十六日にお電話をいただきまして、『被災地復旧には支障が出ないよう、配慮する』とおっしゃっていただいております。私からも、十六日にも、また二十六日にも、総理の決定には従いますという旨《むね》をお伝えしております」

「裏金問題」で自民激震

令和五年十二月一日、朝日新聞の「安倍派裏金一億円超」という報道をきっかけに、いわゆる「裏金問題」で自民党は激震に見舞われた。

東京地検特捜部は、政治資金パーティーのキックバック問題に関連して安倍派や二階派に対する捜査を進め、松野博一前官房長官や萩生田《はぎうだ》光一前政調会長、西村康稔前経済産業大臣、高木毅《つよし》前国対委員長、世耕弘成《せこうひろしげ》前参議院幹事長ら五人衆と言われた派閥幹部たちは、この問題に関連して党役員や閣僚を辞任した。

高市は、自民党が下野《げや》していた平成二十三年八月、翌年に控える総裁選で安倍晋三を応援するために、約十五年所属していた当時町村派だった清和政策研究会を離脱していた。

「私が所属していたときは、五月開催を定例にしていた自分の政治資金パーティーと派閥のパーティーの開催日が接近していました。派閥のノルマをこなすことに苦労したことを覚えています。キックバックどころか自腹を切ってパーティー券を購入していました。パーティー券を購入すると約束したのに、参加費を振り込んでくれない方が珍しくなかったからです」

安倍派、安倍派と盛んに報じられていることが悔しいと高市は言う。

「安倍総理が派閥の会長に就任されたのは、令和三年十月末が投票日だった衆院選後。それまで会長を務めておられた細田博之先生が衆議院議長に就任されたあとです。安倍派と呼ばれるようになってからの会長在任期間は、令和四年七月に亡くなられるまでの八カ月ほど。安倍総理逝去後は会長不在なので、安倍派、安倍派と、安倍総理の名前ばかりが報じられます。やるせないです」

高市自身、一時期は清和政策研究会への復帰を考え、自らが出馬した総裁選後、会長に就任した安倍に確認した。

「清和会が安倍派になったら、私を派閥に連れて帰っていただける話はその後いかがでしょう？」

しかし、色よい返事は聞けなかった。

「高市さんは総裁選であれだけ派閥横断的に応援されたんだから、しばらくは無派閥でいたほうがいいよ」

安倍の意見を最初はそのまま受け取った。しかし、実情は違った。後に詳しく聞くと、安倍以外の派閥幹部たちは高市の出戻りに反対したそうだ。

「安倍総理が会長を務める安倍派ならば戻りたい。そんな強い気持ちもありました。でも安倍総理の言われたように、前回の総裁選では茂木《もてぎ》派の木原稔防衛大臣や二階派の山口壮《つよし》元環境大臣、小林鷹之《たかゆき》元内閣府特命担当大臣など、派閥に関係なく応援してくださった。その直後に私が安倍派に入ったら、せっかく応援してくださった方々はあまり気持ちよくはないと気づきました。

しかも、清和政策研究会が安倍派に衣替《ころもが》えした当時の私は政調会長に就任したばかり。派閥に関係なく公平な立場で適材適所の政調会人事もしなければなりません。安倍総理のおっしゃる通りにして結果的にはよかったと感じています」

高市早苗の仲間たち

令和五年十二月六日、二回目の「『日本のチカラ』研究会」では、麗澤《れいたく》大学客員教授の江崎道朗《みちお》が「日本のインテリジェンス機関、その経緯と課題」をテーマに講演してくれた。議員の参加は、前回の十三人から三人減って十人。高市と山田宏のほかに、杉田水脈《みお》、宮澤博行《ひろゆき》、土井亨《とおる》、石川昭政、小田原潔《おだわらきよし》、黄川田仁志、小野田紀美、有村治子《はるこ》。

入会者は、前回の四十五人から二人増えて、四十七人となった。

「江崎道朗先生のお話は絶対に聴きたかったのに、派閥の縛りが厳しくて参加できません」

そう連絡してきた議員には、高市が講義の内容を伝えた。今後も国力の強化をテーマに、さまざまな講師に専門分野について話してもらう。

高市主催の勉強会は回を重ねるごとに充実してきている。

「一月には、山田さんのご手配で産業情報遺産センターの加藤康子《こうこ》先生が来てくださるそうです。二月には経済力を学びたい。三月は防衛力です。私のリクエストで元自衛隊幹部に世界の最新兵器と日本が備えるべき装備品の話をしていただく予定です」

この勉強会には特徴がある。それは議員本人の出席に限ること。

「ほとんどの議員連盟は秘書の代理出席もＯＫだから部屋は埋まります。でも、議員本人限定のほうが議論は活発になります。多忙のなか時間のやりくりをして参加してくれるのは真剣に学びたい議員だけですから」

マスコミには非公開にしている。

「講師の方は安心して〝ここだけの情報〟を話してくださっています」

令和六年二月二十一日、三回目の「『日本のチカラ』研究会」は、過去最多の十九人の国会議員が出席した。講師はアベノミクスを支持した経済学者の本田悦朗《えつろう》。日本経済について講演が行われた。


出席者は、高市のほかに、山田宏（安倍派・参院）、青山周平（安倍派）、石川昭政（無派閥）、小野田紀美（茂木派・参院）、加田裕之《かだひろゆき》（安倍派・参院）、黄川田仁志（無派閥）、小林茂樹（二階派）、杉田水脈（安倍派）、鈴木英敬《えいけい》（安倍派）、高木宏壽《ひろひさ》（二階派）、田中昌史《まさし》（無派閥・参院）、谷川とむ（安倍派）、中田宏（無派閥・参院）、中村裕之（麻生派）、深澤陽一（岸田派）、宮澤博行（安倍派）、吉田真次（安倍派）、若林洋平（二階派・参院）だった。

次の首相、高市早苗の支持率

毎日新聞は令和六年二月十七、十八の両日、全国世論調査を実施。

岸田文雄内閣の支持率は一月二十七、二十八日実施の前回調査（二一％）比七ポイント下落の一四％。調査手法が異なるので単純に比較できないが、旧民主党・菅直人《かんなおと》政権末期だった平成二十三年八月（一五％）を下回り、麻生太郎内閣時代の平成二十一年二月（一一％）以来十五年ぶりの低水準だった。不支持率は前回（七二％）比一〇ポイント上昇の八二％で、毎日新聞が内閣支持率の調査を始めた昭和二十二年七月以降で最高だった。

一方、朝日新聞も、二月十七、十八日に全国世論調査（電話）を実施した。

岸田文雄内閣の支持率は二一％（前回一月調査は二三％）で、内閣発足以来の最低を更新した。

平成二十四年末に自民党が政権に復帰して以降、最も低い支持率だ。不支持率は六五％（同六六％）で、政権復帰以降、最も高い水準が続いている。

なお、毎日新聞が二月十七、十八日の全国世論調査で、「次の首相にふさわしい人」を自民党の国会議員八人の中から選んでもらった。最も多かったのは石破茂元幹事長の二五％。上川《かみかわ》陽子外務大臣の一二％が続く。三位は高市早苗経済安全保障担当相、小泉進次郎元環境相の各九％。

五位は河野太郎デジタル相の七％、六位は野田聖子元総務相の二％、七位は岸田文雄首相と茂木《もてぎ》敏充《としみつ》幹事長の各一％。「この中にはいない」との回答も三四％に及んだ。石破は六十代と七十歳以上の約三割が名前を挙げるなど、年配者からの支持が厚い。上川は女性、高市は男性の支持が多かった。

石川昭政から見た高市早苗

「『日本のチカラ』研究会」の参加者、衆議院議員の石川昭政は、高市が期待する議員の一人だ。前回の総裁選でも、高市の推薦人に名を連ねている。

國學院大學大学院文学研究科神道学・宗教学専攻博士前期課程を修了後、自民党本部に党職員として就職。幹事長室や選挙対策本部を担当し、日立《ひたち》市、高萩《たかはぎ》市、北茨城市、東海村で構成される茨城県五区の候補者公募に合格し、平成二十四年十二月の衆院選で比例復活で初当選を飾った。現在、衆院議員四期目。

高市と石川には縁がある。高市の六歳離れた実弟で秘書を務めている知嗣《ともつぐ》は、かつて自民党の本部職員だった。石川が就職する前に知嗣は退職していたのですれ違いだが、同じ自民党本部の先輩後輩。そのため、世話になることも多かった。

知嗣がパイプ役となり、高市が石川の地元の応援に駆け付けたこともある。石川は総裁選で高市の推薦人の一人として全力で応援した。

「高市さんが信条としているのが積極財政。デフレ脱却のために政府が国債を発行し、民間需要を高める。この安倍さんがやろうとした三本の矢を推進していく以外にありません。それを継いでくれるのは高市さんしかいません」

そう話す石川は経済政策だけでなく、保守的な信条でも高市と近い。

「高市さんは女系天皇や女性天皇など皇室や宮家の問題への認識もあり、日本の伝統と皇統を後世に繋いでいく政権を作れると思います」

女系天皇に反対するという考え方も高市と石川は共有している。

「過去に遡《さかのぼ》ってみても、男系を受け継ぐ人を探してきて、次代を担ってもらって、皇室を維持してきています」

また、仕事一辺倒のパワーウーマンのイメージのある高市だが、石川は高市に人としての温かさを感じている。石川が一年生議員だった第二次安倍政権の初期は、高市は政調会長。ある時、石川は、国会見学に訪れた地元の人たちを党本部に案内した。党本部でカレーを食べながら、ゲスト・スピーカーを務める国会議員の話を聞くのが自民党議員の国会見学の定番コースだった。このときのゲスト・スピーカーは高市。彼女は母親の介護体験についても語った。その話が石川の支持者たちの心に響いた。介護の難しさを真剣に語る様子は、とくに年配の女性たちの心を打った。

十三人が参加した『「日本のチカラ」研究会』の初会合に、石川も参加している。

「勉強会の内容は高市さんがやろうとしている外交や安全保障、経済安保などについて。私的な勉強会ですが、同時に仲間づくり、腹合わせだと思っています」

勉強会は、周囲からの妨害もある。高市による政局的な動きとして党内から批判もされた。そのため当初は参加者が増えず、初回が十三人、二回目は十人。

「閣僚になると、勉強する時間をつくるのは難しい。官僚が政府の考え方をインプットしてくれますが、第三者の意見はなかなか耳に入ってきません。だから、ああいう私的な勉強会が必要になってきます。高市さんへの批判的な状況はおかしい」

岸田派、安倍派、二階派の三派が解散したので、参加者が増えることが期待できる。

「初期は各派が参加しないように呼びかけていました。十三人もよく集まったなという感覚です。総裁選に出馬するための推薦人二十人の確保を高市さんは視野に入れているでしょう」

石川はLINEやヤフーの海外での個人情報流出問題について、専門家の話を聞きたいと提案している。この勉強会をきっかけに、将来の高市政権のブレーンとなる人たちの陣容を固めていきたいと石川は言う。

永田町で注目を集めているなかで石川が注目しているのが上川陽子外務大臣だ。女性初の総理大臣を目指す存在として、高市のライバルになりうる。

「上川さんは高市さんの強力な対抗馬になるかもしれません。無派閥の高市さんと違い主流三派の今の枠組みを維持したい人にとっては都合のいい候補者ですから。派閥の連合体に推される上川さんと無派閥の政治刷新グループの高市さんで争う可能性もあるでしょう。女性の候補者二人が争えば、自民党が新しくなったことを印象づけられます。国会議員票であれば、高市さんが善戦するでしょう。でも、地方に自分を支持する組織をもっと作っていかないと勝てません。現状では地方票が弱点です」

そう話す石川は、総裁選後、高市と河野太郎が協力するような形を作ることができれば、自民党の幅の広さを見せることができると考えている。

「高市さんが勝った場合、河野さんに官房長官や幹事長をやってもらえたら強く幅広い内閣になる。安倍さんが最初に石破さん、その次に谷垣《たにがき》さん、二階さんを幹事長にしたように政策にバリエーションが生まれるのではないでしょうか。異なる考えの人を排除せず、手を携《たずさ》えることが実は組織を強くする。安倍さんは最初に石破さんを取り込んだことが、長期政権の礎《いしずえ》になったと思います」

また石川は、高市を常に支える議員と二人三脚で戦えれば強くなるとも語る。かつて小泉純一郎は田中眞紀子とタッグを組み、劣勢だった総裁選を跳《は》ね返して劇的な勝利を手にした。あの布陣を参考にしたい。

「アメリカ大統領選挙も台湾総統選挙もナンバーツーと一緒にやりますが、ああいうスタイルが今度の自民党総裁選も必要かもしれません。パートナーに誰を求めるか。高市さんと組んで戦いたい人は多いと思います。その相棒の力量、度量が高市さんの今後を左右すると思って見ています」

石川は派閥を解消させたい。また、森喜朗のような引退したはずの一部の長老が相変わらず力を持つ政治を払拭《ふっしょく》させたいと考えている。

「派閥の資金に頼らずに、政党が打ち出す政策で選挙をやろうと決めて小選挙区制度になったのですから。それをさらに押し出していくことが高市さんにチャンスをもたらすでしょう。派閥解消は世代間抗争の側面もあります。それを抑えたい世代が反対している。上の世代にどう挑んでいくかも今回の総裁選で問われると思っています」

小野田紀美から見た高市早苗

岡山県選挙区選出の参議院議員である小野田紀美も、高市早苗に総理総裁になってほしいと思っている議員の一人。

東京都北区議会議員だった小野田は、二期目の途中、平成二十八年の参院選で岡山県選挙区の候補者公募に合格し当選。令和四年の参院選でも再選を果たしている。

その小野田は地方議員時代から高市に好意を持っている。参議院議員となってからも、政調会長や総務大臣を歴任する高市は新人議員の小野田にとって仰《あお》ぎ見る存在、気軽に近づく機会はなかった。

「自民党本部で高市さんを見かける時があり、ご挨拶するきっかけをうかがっていたものの目も合わない時期が続きました。あとでご本人に話したら、私、目が悪いねん、と言われました」

小野田と高市が近づいたのは、小野田が自民党のネットメディア局次長を務めていたとき。担当している配信番組『突撃！　隣の議員会館』にゲスト出演をオファーした。

この番組は、議員会館の各部屋に小野田が突撃。議員の人柄に迫っていく内容。平成三十年十一月二十九日に配信された回で、高市はゲスト出演し、気さくに語ってくれた。

このときに、小野田は議員会館に取材に行き、はじめて高市と名刺交換し、きちんと挨拶をした。

「以前から政策力が群を抜いていると思っていました」

その後総裁選では、高市の推薦人の一人に小野田も名を連ねた。

「X（旧ツイッター）では、何年も前から自民党総裁は高市さん以外に考えられないと発言していました。実際に出馬すると聞いたときには狂喜乱舞です。高市さんは肩書よりもやりたい、やるべき政策でジャッジする真面目な方。そういうタイプの方はなかなか総裁選に出ないと思っていました。ところが、手を挙げてくださった。嬉しかったですね」

小野田は選挙区の関係もあり平成研究会（参加当時は竹下派）に所属。高市を応援するハードルは低くはなかった。

「派閥には日ごろから恩恵を受けています。総裁選のときに違う行動を取ることはできません。でも、同じ派閥の人には、気持ちでは高市さんだけど派閥の指示には従うと正直に伝えていました」

総裁選直前、平成研究会は支持する候補者を派閥で統一せず、「各自思い通りに行動してよし」と通達した。

「高市さんを全力で支持します」

小野田は立場を明確にした。平成研究会からは小野田と木原稔が高市の推薦人になった。総裁選での出陣式のことが小野田は強く印象に残っているという。

「高市さんの出陣式は、小林鷹之代議士をはじめ政策一本の議員が多かった。部会で政策についてガンガン発言するメンバーばかりでした」

彼らとともに高市陣営の一員として戦えた総裁選は貴重な経験だった。

『日本のチカラ』研究会」にも小野田は参加している。

「すごく勉強になる内容です。メディアは総裁選への布石などと書いて煽っていますが、高市さんはご自身の勉強会である点をアピールすることは一度もなくて、あくまでも一人の議員として私たちと一緒に勉強しています。講師の方にも積極的に質問しています。自分の子分を増やすのではなく、ただただ実直にこの国のための政策を勉強する集まりです」

高市が出馬した前回の自民党総裁選では、インターネット上で高市の一部の支持者たちが先鋭化《せんえいか》して、河野太郎をはじめとする他の候補に批判的なツイートをすることもあった。

小野田は、今回の総裁選で同じような事態を懸念している。

「前回の総裁選でも苦言を呈しました。一部の人たちが先鋭化すると、一般の有権者の腰が引けてしまいます。過激になり過ぎないように抑制するべきでしょう。支持者の人たちが暴走すると、高市さんまで怖いイメージになってしまう。高市さんは過激なムーブメントなどなくても、正攻法で、政策と実力で十分に勝負ができる方です。ニュートラルな方たちの誤解を招かないような応援を意識していただきたい。高市さんのことを保守派の最後の砦《とりで》のように期待する人もいますが、日本を代表する政治家としてみんなから応援される人という認識を広めていきたいです。極端なイメージを持たれると、支持者は仲間同士で盛り上がれるかもしれませんが、高市さんを勝たせるという本筋から離れるリスクが生まれます」

前回の総裁選での高市の出馬会見を見てもらうべきだと小野田は言う。

「あの会見で、日本の抱えている問題について課題と解決案をセットで示して、はっきりと政策を語っていました。雰囲気ではなく、具体的な政策を語れる高市さんを多くの国民に知っていただきたい。本当に頼れる政治家は誰なのか――がわかってもらえるでしょう。実直に、支援の場を広げていきたい」

小野田は高市に憧れの感情を持ちつつ政治家として等身大の高市を見ようと努めている。

「安倍さんがいらしたときは、安倍さんしかいない、という空気がありました。そして今度は、高市さんしかいない、と救世主を求めるように誰か一人にすべてを背負わせることには賛成できません。自民党には三百五十人以上の国会議員がいます。有権者の方は誰か一人に過度に期待を寄せるのではなく、選挙区の議員に思いを伝えてほしい。特定の誰かを祀《まつ》り上げて、気に入らなくなると評価を極端に落とすのはひかえていただきたい。私は高市さんにトップに立っていただきたいと思っています。でも、高市さんにすべてを押し付けて祀り上げ、圧をかけるつもりはありません。高市さんが実力を発揮できるやり方で活躍をしていただきたい」

　岸田総理が派閥の解散を打ち出したことで、自民党内の派閥はなくなりつつある。派閥の意向を受けない議員が増えると、もともと無派閥の高市にとって今回の総裁選はチャンスかもしれない。

「派閥政治はまだ残っているかもしれません。でも、そもそも時代が変わってきています。徒党を組まないと総裁選が戦えないということ自体を変えていきたいです。党員投票も、党員に向けて討論会を行って決めてもらう。議員は派閥レベルで判断せずに、政治を任せたい人に議員票を入れるのが理想です」

高市は、党利党略に長《た》けているタイプではない。その点こそが魅力だと小野田は言う。

「ご本人がどう思っているかはわかりません。私の勝手なイメージでの高市さんは派閥が崩れた今がチャンスと思うタイプではありません。それよりも、セキュリティ・クリアランスの法案をはじめ日本に有益な政策を一番に考えている人です。党利党略、自分の出世レースを意識しない人だからこそ応援したい。国民と国を置き去りにしたパワーゲームにまったく興味がないから、私は応援しています。高市さんが誰よりも政策に真摯《しんし》に向き合っている人だと、一人でも多くの人にわかっていただきたい。権力や名誉ではなく、真摯に国のことを考えている人が評価される時代になってほしい」

安倍派を退会した髙鳥修一

令和六年二月八日、自民党の保守系議員が集まる「保守団結の会」は党本部で会合を開き、次の総裁選に意欲を示す高市早苗経済安保担当大臣の講演会を企画。代表世話人の髙鳥修一ら約十五人が参加した。

「国家観をともにするみなさまと話ができることはうれしい」

会の顧問も務める高市は語った。

さらに、自身が所管する経済安全保障上の重要情報を扱う人の身辺を国が事前に調べるセキュリティ・クリアランス制度を導入する法案について講演した。

会合後、高鳥は記者団に対して、所属する安倍派が安倍晋三元総理の遺志を継承しているとは思えないことを理由に退会届を提出したことを明かした。その上で、次期総裁選に高市を支持する前提でこう語った。

「思想信条が近い人を応援するのは自然なこと」

会合前日の令和六年二月七日、高鳥は新潟県上越《じょうえつ》市で記者会見を開き、政治資金パーティーを巡る安倍派の対応に不満があるとして、派閥を近く退会する意向を明らかにしている。収支報告書の不記載の責任を取り自民党新潟県連の会長を辞任することも表明。

安倍派は高鳥が平成十七年に初当選を果たして以来、長年所属した派閥である。

高鳥の父、高鳥修《おさむ》は、総務庁長官や経済企画庁長官を歴任した政治家だが、同じ新潟県選出の田中角栄に近く、かつては秘書も務めた。当選後も、田中派（木曜クラブ）や、その流れにある竹下派（経世会《けいせいかい》）、小渕《おぶち》派（平成研究会）に所属した。

しかし、修から地盤を引き継いだ息子の高鳥修一は、平成研究会ではなく清和政策研究会に入会。それはなによりも安倍晋三が所属していたからだった。

「中国の江沢民主席が、日本は歴史認識を改めなければいけない、という趣旨の発言をしたことがあります。安倍晋三さんは、日本には日本の立場がある、とはっきり言いました。それが私には新鮮で、感動し、この人の弟子になりたいと強く思いました。だから、清和政策研究会に入会した。安倍晋三さんの弟子になりたい。そばで勉強したい。そういう思いでした」

その際、父親の修に相談した。

「清和会に入ろうと思っている」

父親は言ってくれた。

「安倍晋三君はいい男だよ」

賛成の気持ちの表れだった。

それほどの思いやバックグラウンドを持つ髙鳥が安倍派を退会する事実は大きい。

「安倍さんのいなくなった安倍派は、実質的に安倍派ではないんです。今回、退会のけじめをつけたいと思ったのは、キックバックの問題だけではなく、安倍さんのご遺志を継いで、と言いながら、そういう行動が派閥内に見られなかったからです」

安倍派は、派閥をあげて安倍が暗殺された銃撃事件の真相究明に取り組もうとしなかった。銃の所持許可を持つ髙島は、自分なりに今回の事件を分析し、月刊誌に寄稿もしている。髙島がとくに疑問に思ったのは、安倍がどこから撃たれたのかである。

後ろから撃たれたはずの安倍の首の右前に銃弾の射入口（銃弾の身体への侵入口）があるのはおかしい。後ろから撃たれたのに、弾が体の前から入っているからだ。

「安倍元首相は体の左側から銃撃された」と警察は発表。その一方で、首の右前に銃弾の射入口があることについても認めている。司法解剖の結果でも、右前頸部《けいぶ》（首の付け根の右前）から体内に銃弾が入ったとされている。しかし、事件発生時の安倍の姿勢では、右前頸部に銃弾は当たらない。

こうした矛盾点について、なかなか明確にされずにいる。

ＬＧＢＴ理解増進法案で一部の安倍派の幹部が見せた対応にも髙島はがっかりした。採決直前まで反対している議員の元に安倍派のある幹部が「私の顔に泥を塗るのか」と賛成を迫っていた。ことの本質よりも、メンツを優先させる体質に失望した。安倍は生前、ＬＧＢＴ理解増進法案の制定には消極的だった。二年前、安倍が党幹部に働きかけて党内手続きを止め、修正前の法案の国会提出が見送られていた。

髙島はトイレに立つことを装って本会議を途中退席し、法案の採決には加わらなかった。

髙島は高市に期待するがゆえに、細やかさを学んでほしいと思っている。

「安倍さんは夜の十時半くらいに電話をくれます。直接本人とやりとりできるので、もらう側は嬉しいですよ。高市さんは電話一本くれたことがない。忙しいことは承知していますが、安倍さんを見習って、人の心の機微をわかっていただきたい」

高市に大将として堂々とふるまってほしいとも思っている。そのために緻密《ちみつ》な準備も必要だという。

高市は今とても貴重な存在、立ち位置にいる。

「今回の総裁選に出馬したほかの顔ぶれを見るとみんなリベラル。日本の保守的な思想や伝統、あるいは対中国観の点で安倍元総理の後継となれるような人はいません。高市さんに期待しています」

だから、高市には十分な準備をして出馬してほしい。

「総裁選は誰かがすぐに人を集めてはくれません。お神輿《みこし》に乗せてもくれません。今のままではそれほど味方が集まらないかもしれない。まず本人が戦う腹を決めて、態度で示すことが重要です。一緒に戦ってくれる仲間も必要。勉強会には四十人以上在籍しています。

でも、そのうち何人が実際に推薦人になってくれるでしょうか。一緒に戦う気持ちはあっても、それぞれ事情を抱えています。派閥や党の幹部から止められたら、引き下がる議員は少なくありません。最後は本人たちの覚悟次第ですが、そういう強い意志と絆《きずな》を持つ議員をどれだけ集められるのか。高市さん次第です」

高鳥からの助言もあるのか、高市は自民党員たちとの連携もつくりつつある。

令和五年五月に発表された令和四年の党員獲得数ランキングでは、高市は、青山繁晴参院議員、堀内のり子衆院議員に次いで三位だった。

令和五年の党員獲得数ランキングでは、高市は、二位になっている。

日本各地で高市の後援会づくりも進みつつある。第二次安倍政権で二度にわたり総務大臣を務めたので、各自治体の首長や地方議員とも付き合いができた。夫、山本によると、その人脈が総裁選を戦う上で大きな財産になっているという。

「長く総務大臣をやっていましたからすべての自治体と繋がりをもっています。保守系の首長を中心に高市を熱心に支持してくれる人は少なくありません。総務省の官僚が各地の首長になっている場合が多いので、日本各地に幅広いネットワークが広がっています」

高鳥と山本では評価は違うようだが、ネットワークをつくっているプロセスにあるのだろう。

山本は女性初の総理大臣に、高市は適しているという。

「さまざまなリーダーを見てきました。彼女は今の時代のリーダーにふさわしいと思います。国際感覚があり、政治資金も透明性を重んじている。しかも、普通のサラリーマン家庭の出身で、貴重な非世襲です」

門田隆将から見た高市早苗

『尖閣1945』『死の淵を見た男―吉田昌郎《まさお》と福島第一原発』『なぜ君は絶望と闘えたのか―本村洋の3300日』など多くの作品を執筆している作家、門田隆将《りゅうしょう》は現在の日本が置かれている危機的状況のなかで高市早苗以外に総理大臣にふさわしい人材はいないと明言する。門田は今、高市総理実現のために、日本各地の有志たちと連携している。

無派閥の高市が再び総裁選に出馬した場合、自民党の国会議員の多数からの支援を得るのは難しい。そこで門田はかつて小泉純一郎が小泉ブームを自ら起こして、世論の風を活かして総裁選で圧勝したように、高市を支援する国民的な動きを作る必要性を感じている。

令和五年十二月二日、門田はソラリア西鉄天神ホテル福岡で「高市早苗さんと歩む福岡県民の会　１０００人大会」を開催。そのために福岡の有志たちと連携して動いた。会では高市と門田が一時間ずつ講演。会場は満員の人が溢れ、成功裡《せいこうり》に終わった。

「初めは高市早苗を総理にする会とする意見が多かったのですが、高市さんは現職の閣僚なのでよろしくないという判断で、行政的なタイトルになりました。危機感を持つ地方の方々と連絡を取り合っています」

福岡では門田の知人、歴史家の井上政典が尽力。九州経済連合会の名誉会長、松尾新吾元九州電力会長や石原進ＪＲ九州元代表取締役など九州財界を代表する錚々《そうそう》たるメンバーが参加し、高市に期待を寄せた。

「みなさん高市さんしか日本を救えないという強い意志を共有しています」

四月十三日にはリーガロイヤルホテル大阪でも二千人規模の会が開催された。門田が高市しかいないと強く思う理由は、中国に対抗できる唯一の政治家だと思っているからである。ここ数年中国は日本に対して核攻撃すら辞さない姿勢を示し、年を追うごとにヒートアップしていると門田は判断している。

中国が日本の領土に野心を抱いていることが明らかになったのは、平成二十年三月十一日。アメリカの前太平洋軍司令官のティモシー・キーティングが上院軍事委員会である証言をしたことだった。キーティングはこの時、平成十九年五月に自らが訪中をした際に、中国のある高官から「ハワイを基点に太平洋を東西に分け、米中で分割管理しよう」と提案された、という衝撃の内容の証言を行った。

平成二十四年に野田佳彦政権が尖閣諸島の国有化を進めると、中国国内では在中日系企業に対する激しいデモが起こった。その際、デモで日本への核攻撃を呼びかける横断幕が掲げられるなど、中国の姿勢がエスカレートした。

その後、習近平が平成二十四年十月の第十八回共産党大会で総書記になり、翌平成二十五年三月の全人代で国家出席になる。そのとき、「百年の恥辱《ちじょく》を忘れず、偉大なる中華民族の復興を果たす」と発言した。

〝百年の恥辱〟とは、中国では「百年国恥《こくち》」として小学生のときから徹底的に教え込まれる。一八四〇年のアヘン戦争から中華人民共和国成立の一九四九年までの「約百年」を指す。日本への恨みを晴らす意味の言葉としても使われている。

中国には「国恥日」(国恥記念日)が四日ある。五月九日の「対華二十一カ条要求」の受諾日、七月七日の盧溝橋《ろこうきょう》事件(日中戦争開始の日)、九月十八日の満州事変勃発《ぼっぱつ》(柳条湖《りゅうじょうこ》事件)の日、南京虐殺が始まったと中国が主張する日(十二月十三日)のことで、いずれも日本によるものだ。中国では子どものころから反日教育を徹底的に教え込んでいく。すると、日本への恨みを持つ人間ができ上がっていく。

昭和五十年代から中国と交流し友人も多い門田は習近平の発言に危機感を抱いた。

「中国への危機意識を強く持っていたのが安倍晋三元総理でした。安倍さんは中国に対して強い態度で臨んでいました。習近平に対しても尖閣諸島についても、私の覚悟を見誤るなという強いメッセージを発していました。だから、安倍さんの在任中は中国も露骨な動きはあまりできなかったわけです」

安倍は亡くなる四カ月前、令和四年二月二十七日のフジテレビの『日曜報道　THE　PRIME』に出演している。ロシアのウクライナ侵攻を受けて、アメリカの核兵器を共同運用する「核共有（ニュークリア・シェアリング）」について、国内でも議論すべきだとの認識を示した。

「日本は核拡散防止条約（NPT）の加盟国で非核三原則があるが、世界はどのように安全が守られているかという現実について議論していくことをタブー視してはならない」

アメリカとの核共有は、ベルギーやドイツ、イタリアなど北大西洋条約機構（NATO）の一部の国で採用されている。

この安倍の発言は、日本への核攻撃の可能性を示唆《しさ》する中国への牽制《けんせい》の意図があった。

三月七日には高市早苗も『日曜報道』に出演。議論の重要性を堂々と語った。このとき、番組の調査では、核共有の議論が「認められる」と回答した人が七六％となり、「認められない」と回答した一九％を大きく上回った。

「今の政界で本当の危機意識を持っている政治家はごく一部。同じ政治家でも国防に対する危機感のレベルが大人と子どもほど違う。高市さんは中国と強い態度で向き合える貴重な政治家だと感じています」

安倍は亡くなる二カ月前の令和四年五月六日、ＢＳフジ『ＬＩＶＥ プライムニュース』に出演した。その際、アメリカ軍が〝核の傘〟を含む抑止力で日本を守る「拡大抑止」に関して、日米両政府が報復の手順を協議し決めておく必要があるとの考えを示した。核の傘は揺るがないとアメリカは明確にしている。しかし、念押しする必要があるというのだ。

そんな安倍の政治家としての遺志を引き継ぐ高市が自民党総裁選で勝利するには、同じ考えを持つ保守派の国会議員たちが足並みを揃える必要がある。しかし、前回の総裁選以降そういった動きはあまり見えていない。

門田もその点を危惧している。

「普通ならば日本の国家のためと考えて、高市さんを支援するしかないはずだけれど、政治家は嫉妬心《しっとしん》や対抗心の塊《かたまり》ですからね。高市さんと同じ考えを持つ政治家は多いけれど、彼らが最終局面でどこまで動いてくれるのか。思想信条よりも『あいつは気に食わない』を優先する政治家が多いですから」

前回の総裁選では、安倍が高市を支援。西村康稔など安倍派議員の一部が高市支援で動いた。しかし、百人近い党内第一派閥の安倍派は、派閥のパーティーのキックバック事件もあり動きは鈍い。ただし、安倍派を牽引してきた議員たちが総裁選に出る可能性は極めて少ない。高市は安倍派に所属する保守系の議員たちの支援を期待できる。彼らが政治的な信条や国家観の違う石破茂や河野太郎を応援する可能性は低い。

第六章

高市早苗が描く理想の日本

高齢者が幸せな国

高市が日本のリーダーとなった時、どのような国家像を目指しているのか。

「今の日本はなかなか厳しい時期ですが、心を合わせて、日本の総合的な国力を強くするべき時期だと思っています。外交力、防衛力、経済力、技術力、情報力……。すべてです。日本企業は一つひとつの分野を見ると、世界一の技術を持っています。にもかかわらず、ビジネスでは負けているケースも目立つ。だから、優れた技術やサービスのプランを持っている企業には、国も投資をして、成長させなくてはいけません。やはり、経済のパイを拡大させなくてはいけません。そうでなければ、十分な社会保障も安全保障も継続できません。そのためには、総合的な国力を強くしないといけません」

高市は全世代が安心感を抱ける社会を作らなくてはならないと考える。

「国力を上げるために、少子化対策はとても重要な取り組みです。私も、力を入れてきた政策です。他方、私は年齢を重ねた方々が幸せでなければ、若い方々が消費をしないと思っています。お年寄りが必要な医療や福祉を受けて安心して暮らしていないと、若い方々も消費や自らへの投資に安心してお金を使えません。しかし現在は、残念ながら、歳をとるととても苦しい生活になるという不安感に覆《おお》われています。それを解消する取り組みに力を入れなくてはいけません。私は積極財政派と言われています。歳出カットばかりに励むのではなく、特に世界共通の課題を解決できるような技術分野には投資を惜しまず、国内外へのビジネス展開で富を生み、税率を上げずとも税収増が実現できるようにして、真に必要な施策に積極的な財政支出もできる状況を作りたい」

少子化対策は、ストレートに子どもを産む世代にフォーカスするだけでは不十分。高齢者が暮らしやすい政策にも力を入れるべきだ。

「子育て支援策はもちろん重要です。ただ、その分の財源がご高齢の方々の負担になるならば、安心して歳を重ねられません。現在若い世代も、自分の親世代が生活費にも困り、必要な医療や介護が受けられない状況だと、将来に備えるためにお金を使わなくなり、経済は縮小してしまいます。私は全世代の安心感創出を目指します。どこかを削って別のどこかに持っていく考え方ではなく、日本経済のパイを大きくする。日本企業が技術で勝ってビジネスで負けている分野を見直して、もっと日本に富を呼び込みたい。税率を上げなくても税収を増やせる状況をつくれれば、全世代型社会保障は実現できます」

国民の生命や財産を守り抜く取り組みにも力を入れていく。

「最近では日本のEEZ（排他的経済水域）内に中国がブイを勝手に設置しています。明らかに国連海洋法条約違反です。しかし、条約には違法構造物の撤去に関する規定がありません。だから中国に撤去要請をしたものの、ブイは放置状態です。船舶航行の安全に関わりますから、日本政府は撤去しなくてはいけません」

中国の脅威から日本を守る

中国人による日本の土地の買収についても危機感を持っている。

「大臣として重要土地等調査法も所管しています。この法律では外国人による土地取得は制限できません。この法律は基地周辺などの重要土地等の使い方を調査するものです。過去に日本がWTO（世界貿易機関）のGATS（サービスの貿易に関する一般協定）に、土地取引について留保せずに加盟したからです。中国をはじめ多くの主要国は土地取引について留保して加盟しています。中国人は日本の土地を買い放題なのに、日本人は中国の土地を買うことはできません。国際法は国内法より上位に位置します。だから、いつまでも土地取引を制限する法律が作れない。多くの協定加盟国との間で困難な交渉になるとは思いますが、安全保障のためには土地取引を留保する努力も始めるべきです」

中国はここ数年、海外で暮らす自国民に対して緊急時に土地や建物についても国防準備を求める国防動員法、国家情報工作への協力を国民に求める国家情報法、有事の際に民間を動員する法律を積極的に制定している。この点についても日本として対応していく必要性があると高市は言う。

「日本の国立研究開発法人、民間企業、大学の研究所には多くの中国人研究者が迎え入れられています。彼らは母国の情報工作に協力する義務を担《にな》っています。機微《きび》技術の流出リスクを最小化することにも取り組みます」

令和の省庁再編

高市がすぐに取り組むべき政策や課題は山積だ。

「情報通信分野の振興部門は、経産省だけでなく、総務省にも文科省にもあります。協力し合って情報通信省を作り、さらに内閣直轄のサイバーセキュリティ庁を設置したい。アクティブ・サイバー・ディフェンス（能動的サイバー防御）も含むサイバーセキュリティ対策に一元的な権限と責任を持つ組織にしたい。WTOをはじめ国際会議に、日本からは外務省と経産省の大臣二名が政府代表として出席しています。他の参加国から抗議を受けたこともあるので、強い権限を持つ通商代表部の設置が必要です」

環境省と経済産業省の資源エネルギー庁を合体させ、環境エネルギー省も設置したいと高市は言う。

「今の日本は縦割りばかりです。それを調整するのは内閣府の仕事ですが、なかなか機能していません。時代に合った再編をする必要があります」

ドローンを例にあげても、本体は経産省や消費者庁、飛行させるためのルールは国交省、攻撃型ドローンへの対応は防衛省や海上保安庁や警察庁、電波については総務省と、各省庁にまたがっている。責任の所在が不明瞭になりがちだ。高市が省庁再編に手を入れたら、各省庁から抵抗が予想される。

「内閣が吹っ飛ぶくらいの覚悟を持って取り組まなくてはなりません」

高市は本気だ。

「コロナ助成金はひどい不正受給がありました。モラルハザードが起こらないような社会保障制度の仕組みづくりも徹底させないといけません。過去には生活保護の不正受給問題にも取り組みましたが、本当にお困りの方が堂々と生活保護を申請できる環境をつくるためにも、公正さの担保が重要です」

女性の健康ナショナルセンター

高市が長い歳月をかけて実現させた政策がある。

「女性の健康ナショナルセンター機能の構築事業」という新規事業に、令和五年度補正予算で初めて五億四千万円を計上。令和五年十二月に閣議決定した令和六年度当初予算案にも二十五億円が計上されたのだ。

女性の健康ナショナルセンターは、女性特有の健康上の問題に関する研究や治療の司令塔として創設されるもの。東京都世田谷《せたがや》区にある国立成育医療研究センター内に令和六年度中に設置される予定だ。

これは第二次安倍政権が発足し、高市がはじめて政調会長になった平成二十四年十二月から検討をはじめた政策だった。ナショナルセンターでは、他の医療機関や研究機関と連携し、女性特有の疾患に関するデータの収集や、解析を行い、さらに製薬企業との治療薬の共同開発や、研究成果の発信、政策提言にも取り組む。

女性の体調不良は多岐《たき》にわたっている。産婦人科なのか、心療内科なのか、どの科目を訪れたらいいのか迷う症状も多い。こうした患者が頼ることができるクリニックも視野に入れている。このような健康面での男女の違いに着目した医療は「性差医療」と呼ばれ、日本は海外より遅れている。

思春期、周産期、更年期、高齢期……女性はホルモンバランスによる体調の変化が大きい。学校に行けないほどの生理痛に苦しんでいる十代もいる。重い更年期障害で仕事も家事も手につかない女性もいる。この辛《つら》さは男性には理解しにくい。だから、女性の政治家が少ない日本では政策化されなかった。

高市自身も四十代で更年期障害によるホットフラッシュ（のぼせ、ほてり、発汗などの症状）に苦しんだ。暑くもないのに、急に汗が滲《にじ》み出し、週刊誌に面白おかしく取り上げられるという苦い経験もした。知人に婦人科での診察を受けることを勧められ、錠剤を処方されて、一時は治まった。それでもまた再発症。数年間は辛い思いをしている。

原因がわからない脚の痛みも体験。長期間苦しんだ。通院しても湿布薬や痛み止めを処方されるだけで、根本的な治療は施《ほどこ》されなかった。やがて更年期の女性に多い関節リウマチとわかる。原因が判明した際には関節を失っていた。現在は脚に人工関節を入れている。

脚の痛みで受診した整形外科の医師が更年期の女性が罹患《りかん》しやすい病気の知識を持ち、早く適切な医療を受けられていたら、関節を失わずにすんだかもしれない。

こうした個人的な経験も活かし、政調会長になると、女性の健康の包括的支援に関するプロジェクトチームを立ち上げた。座長は看護師出身の髙階《たかがい》恵美子。協力し合って女性の健康の問題に取り組んできた。

女性のホルモンバランスの問題について、社会での認知度が上がるだけでもこのプロジェクトの効果はある。学校、職場、家庭で、女性の体調について理解する人が増えることが重要だ。女性が働きやすい職場は、すなわち男性の働きやすい職場でもある。

それでも、スタートした二〇一〇年代は、髙階座長が奮闘を続けたものの、厚生労働族の大御所《おおごしょ》議員に反対され、なかなか具体的な施策ができなかった。それも、令和四年後半にやっと予算がついた。今は男性議員の関心も高まっている。

経済のうねり、開発のうねり

高市は、十年以上前から、為替《かわせ》変動にも強い経済構造をつくる必要を訴えている。

閣僚としての担務の中で高市が対応を進めているのは、特定重要物資を指定して中国をはじめ海外からの輸入に頼ってきた製品を国産でまかなう体制づくりだ。

令和四年十二月には、特定重要物資として抗菌性物質製剤、肥料、永久磁石、工作機械・産業用ロボット、航空機の部品、半導体、蓄電池、クラウドプログラム、天然ガス、重要鉱物及び船舶の部品の十一物資を政令で指定し、国内での生産体制の整備に向けて動き出している。

感染症治療や手術に欠かせない抗菌性物質製剤の原材料は、ほとんどを中国からの輸入に頼っていた。そのため過去に供給途絶が起きた際は、病院で予定されていた手術を延期せざるを得ない事態が発生している。しかし今後は、日本国内で原薬から作る。

経済安全保障担当大臣として、サプライチェーンの強靭化《きょうじんか》にも力を入れている。肥料は、尿素、リン安《あん》、塩化カリウムなど原料のほとんどを輸入している。なかでも塩化カリウムはロシアとベラルーシからも輸入していた。現在は両国からの輸入は難しい。

原料調達先を増やしてリスクを分散するだけでなく、備蓄にも力を入れる。七九%を海外に依存している半導体も国内での製造を進めているが、令和五年の四、六、七、十二月に十六件の供給確保計画を認定。取り組みが始まった。

蓄電池と永久磁石も国内製造に力を入れていく。蓄電池は、５Ｇ基地局やデータセンターなどのバックアップ電源、ＩＴ機器の電源、さらに電動自動車や電動バイクのバッテリーなどに使われている。今後のデジタル社会には欠かせない不可欠な物資だ。しかし、車載用蓄電池の六三％、家庭用蓄電池の八二％を海外に依存。

令和五年の四月と六月に十五件の供給確保計画を認定。これらの事業で、車載用と定置用のリチウムイオン電池の生産基盤の整備、車載用円筒形リチウムイオン電池の生産技術の導入・開発・改良などが進んでいく。

永久磁石は、自動車などの輸送機器や産業機器、風力発電や家電製品など非常に幅広い用途に使われている、モーターの性能を決定づける基幹部品だ。省エネ性能に優れた永久磁石モーターを供給できなければ、日本の自動車産業は深刻な競争力低下に陥《おちい》るだろう。

永久磁石の世界市場における日本と中国のシェアを見ると、最新の令和三年のデータで、日本が一五％、中国が八四％。永久磁石の原料のレアアースは中国の世界シェアが圧倒的で世界全体が中国に依存している状況だ。

ここまで圧倒的不利な状況だと、根本から考え直さなくてはいけない。永久磁石は令和五年八月に供給確保計画が認定され、レアアースをそれほど使わなくてもいい永久磁石の量産計画が動きだした。永久磁石の製造設備能力の増強を目指す取り組みも始めている。

世界的に日本が優勢を誇っている工作機械や産業用ロボットも、特定重要物資に指定されている。工作機械や産業用ロボットの活用が不可欠な業種は、製造業の名目ＧＤＰのうちの約五割も占めている。世界市場における日本の工作機械メーカーのシェアは四四%。産業用ロボットは四五%。産業用ロボットはファナックや安川電機がよく知られているが、ドイツの企業を買収した中国も力を入れている。

令和五年の六月と七月には、供給確保計画が五件認定。高市は、現在は日本が強くても、中国のキャッチアップが急速であることから、競争力を失う蓋然性《がいぜんせい》が高い分野の産業振興には力を入れていく必要があるとしている。

「令和四年九月に各省庁でサプライチェーン調査を実施してもらい、今後の予測も含めて安定供給確保に向けた対応が必要な物資は、令和四年十二月に政令指定をしました。令和五年からは国が、企業による供給確保計画の認定と財政支援をはじめ、令和五年末までに認定事業は合計七十一件になり、動き出しています」

高市が話すように、この取り組みが進めば進むほど、為替変動にも動じない強い日本経済を実現できる。円安も問題だが、過去の民主党政権下のような過度な円高も問題。製造業の海外移転が相次ぎ、産業空洞化により働く場所が減り、有効求人倍率は悪化した。

「円安によって外国人観光客が増え、コロナ禍に苦しんだ観光業が息を吹き返し、輸出も伸びています。日本の優れた製品やサービスを海外に売り込む絶好のチャンス。円安を活かした政策で日本の富を増やし、円高になったら、それを活かした政策を展開する。円高でも円安でも柔軟に対応し、日本にメリットがある経済構造を作っていきたい」

そう考えると、日本には優れた科学技術がたくさんある。

「日本の優れた科学技術を世界展開できれば、たくさんの富を得て税収が増える。国が日本の勝ち筋の技術を応援するメッセージや姿勢を示せば、民間の投資も集まります」

令和五年四月十四日、高市は科学技術政策担当大臣としての記者会見で、日本初の核融合国家戦略となる「フュージョンエネルギー・イノベーション戦略」の策定を発表した。核融合による発電の実現には時間がかかる。しかし、核融合関連技術に強い日本企業がスピンアウトによって世界に先駆けて儲けられるチャンスが多いことを示した。

この戦略発表は英語でも発信され、反響は大きかった。

「数億円しか調達できていなかったスタートアップ企業に、翌月は百億円を超える投資が集まりました。国がこの分野に力を入れると打ち出した瞬間に大きな経済のうねりが生まれたのです。こういう動きをどんどん作っていきたい。中長期的な国家戦略を発信すれば、結果的に税金を注ぎこまなくても関連企業の資金調達ができます。企業が儲かれば、賃金も上がり、国や地方の税収も増える。好循環を作りたい」

女性初の日本の総理大臣を期待されている高市早苗。派閥に属さず、既成概念にとらわれない発想と行動力で、内政・外政を牽引《けんいん》する政治を展開することになるのか。

ただこれだけは言えるだろう。

成功の要諦《ようてい》は、成功するまで続けるところにある。

あとがき

高市早苗さんに会うたびに、高市さんが幼い頃から母親に「真っ赤なバラのようにあれ」と言われたという言葉が浮かんでくる。

「男性と互角にやろうと肩肘《かたひじ》張らずに、常に女性らしい華やかさを失わないようにしなさい。ただし、間違ったことには毅然と立ち向かうトゲも持ち続けなさい」

強い日本を作るための勉強会「『日本のチカラ』研究会」を作るや、岸田内閣の大臣でありながら、問題あり、と当時の世耕弘成《せこうひろしげ》参院幹事長が文句をつけた。

すると、ただちに反論した。

「現職閣僚が担当外の政策を同僚議員とともに勉強することのどこがいけないのでしょう」

毅然と立ち向かうトゲは健在である。

これまで高市さんの政策についての本はあるが、私的な人生が描かれた作品がなかった。

彼女から私的な断片を耳にしてきた私からすれば、彼女のチャーミングな魅力的人生が知られていないことはもったいない、そう思いあらためて取材して描くことにした。

若き日のロックといい、颯爽《さっそう》たるライダー姿といい、現在、国会でまったく怯《ひる》むことなく論戦を交《か》わす高市さんに重なる。安倍元総理を二度目の総理に押し上げる時も必死で、三度目も、と激しく迫り続けたのが高市さんであった。

ついには、「それなら私が……」と高市さんが総裁選に出馬した。

安倍元総理は、戦いの終わった後、高市さんに感謝の言葉を送った。

「確固たる国家観を示してくれた高市さんを通じて、自民党がどうあるべきかを訴えることができた。はがれかかっていた多くの自民党支持者が自民党の元に戻ってきてくれた」

安倍元総理は、高市さんについて、暗殺の半年前に『文藝春秋』(二〇二二年二月号)で、まるで遺言《ゆいごん》のように語っている。

「『この若手は伸びるかどうか?』を私が判断するうえで重視する最大のポイントは『胆力』の有無です。胆力とは李登輝《りとうき》やチャーチルのように、ここ一番で底力を発揮する能力のこと。先の総裁選で私が推した高市さんは、真面目で勉強熱心なうえ、胆力もあります。(略)特にディベート能力の高さは多くの人たちが評価していました。ただ、いささか真面目過ぎて、何でも自分で引き受けてしまうところが玉に疵《きず》。（略）他人に任せるべきところは任せるという思い切りができた時、彼女はさらなる飛躍ができるはずです」

高市さんは、岸田内閣の経済安全保障担当大臣として、困難と見られていたセキュリティ・クリアランス制度の法制化を粘り強く通しきった。安倍元総理も評価した高市さんの「胆力」のなせるわざであろう。

高市さんは、今もイギリス初の女性首相、「鉄の女」と言われたマーガレット・サッチャーに憧れている。

「人からどう思われようと、自らの信念に従って政治を行うスタイルは尊敬しています。私も国のためになると思ったことは、恐れずに言うことにしています」

安倍元総理暗殺後、政界で保守の力が衰退している。保守の星と見られている高市さんの力が、いっそう求められている。日本のサッチャーとして、「鉄の女」ならぬ「紅いバラの女」として「強き日本」をリードし続けてほしい――。

令和年六年八月

大下英治

高市さんには初当選以来、三十年以上にわたって、私のインタビューを受け続けてもらってきた。本書を執筆するにあたり、激務のなかであらためて取材にご協力いただき、深く感謝いたします。

この本の執筆にあたって、高市大臣の夫である山本拓元衆院議員はじめ、作家の門田隆将さん、青山繁晴参院議員、石川昭政衆院議員、小野田紀美参院議員、髙鳥修一衆院議員、山田宏参院議員他、多数の皆様にご協力いただきました。

改めて、感謝いたします。

大下　英治（おおした・えいじ）

1944年、広島県生まれ。1968年、広島大学文学部卒。『週刊文春』記者を経て、作家として政界財界から芸能、犯罪まで幅広いジャンルで活動。著書に『十三人のユダ 三越・男たちの野望と崩壊』（新潮文庫）、『実録 田中角栄と鉄の軍団』シリーズ（講談社+α文庫）、『昭和闇の支配者列伝』シリーズ（朝日文庫）など500冊以上にのぼる。近著に『ハマの帝王―横浜をつくった男 藤木幸夫』（さくら舎）、『安倍晋三・昭恵 35年の春夏秋冬』（小社刊）などがある。

高市早苗 愛国とロック

2024年９月15日　第１刷発行

著　　者　大下英治
発 行 者　花田紀凱
発 行 所　株式会社　飛鳥新社
〒101-0003　東京都千代田区一ツ橋 2-4-3　光文恒産ビル 2F
電話　03-3263-7770（営業）　03-3263-5726（編集）
https://www.asukashinsha.co.jp
装　　幀　DOT・STUDIO
帯 写 真　今井一詞
編集協力　神舘一典
印刷・製本　中央精版印刷株式会社

ISBN 978-4-86801-044-9

編集担当　野中秀哉